古典文獻研究輯刊

二七編

潘美月・杜潔祥 主編

第3冊

明代書目研究（中）

孫　蘊　著

國家圖書館出版品預行編目資料

明代書目研究（中）／孫蘊 著 — 初版 — 新北市：花木蘭文
化事業有限公司，2018〔民107〕
目 8+206 面：19×26 公分
（古典文獻研究輯刊 二七編；第 3 冊）
ISBN 978-986-485-561-2（精裝）
1. 目錄學 2. 明代

011.08   107012239

ISBN- 978-986-485-561-2

9 789864 855612

古典文獻研究輯刊
二七編 第三冊   ISBN：978-986-485-561-2

明代書目研究（中）

作　　者　孫蘊
主　　編　潘美月　杜潔祥
總 編 輯　杜潔祥
副總編輯　楊嘉樂
編　　輯　許郁翎、王筑　美術編輯　陳逸婷
出　　版　花木蘭文化事業有限公司
發 行 人　高小娟
聯絡地址　235 新北市中和區中安街七二號十三樓
　　　　　電話：02-2923-1455／傳眞：02-2923-1452
網　　址　http://www.huamulan.tw 信箱 hml810518@gmail.com
印　　刷　普羅文化出版廣告事業
初　　版　2018 年 9 月
全書字數　397174 字
定　　價　二七編 24 冊（精裝）新台幣 46,000 元

明代書目研究（中）

孫蘊 著

第三章　明代的私藏書目（下）

第一節　李如一《江陰李氏得月樓書目》

李如一，江陰處士，晚明重要藏書家，建得月樓、落落齋以儲圖籍，編有《得月樓書目》存世。

李如一具有極高的藏書素養，「天下好書，當與天下讀書人共讀之」的理念於歷代藏書家中鶴立昂然。又重版本，所收圖籍多宋元珍善，價值極高，且於書目中皆作著錄。李氏藏書於易代之際盡毀，唯書目僅存，後為黃丕烈抄藏，多加批註，視為珍密。

王明發《李如一與得月樓》一文對李如一及其藏書樓做了較為詳細的考證，得前人之未備，是很好的研究資料。但該文對《得月樓書目》只做了簡略的提及，未加深究。李如一藏書為黃丕烈、繆荃孫、葉德輝等人推重，然至今尚未進入研究者視野，僅憑黃、繆、葉等人的序言跋語略聞於世。其中蘊含的巨大價值仍待世人挖掘。

本文擬從《得月樓書目》的成書、版本、編纂情況、著錄內容等方面對該目做出大致的研究，並對該目現存的兩種版本進行對校，將結果一併附錄，以供學界參考。

一、《江陰李氏得月樓書目》的作者與編纂體例

李如一（1556～1630），本名鶚翀，後改為如一，字貫之，號近復。江蘇江陰人。祖父李詡，字厚德，號戒庵老人，曾建藏書樓名「世德堂」，著有《戒

庵老人漫筆》。（乾隆）《江南通志》有《李如一傳》，稱「篤學好古」，「其論學以六經爲淵海，箋疏爲梯航，謂朱子《戴記》未有成書，網羅鉤貫，撰《禮記緝正》，通儒稱之」〔註1〕。李如一刻有《藏說小萃》，其鄉人之《公餘日錄》、《宦遊紀聞》、《水南翰記》、《存餘堂詩話》、《暖姝由筆》、《汴遊集》、《延州筆記》、《戒庵漫筆》等書皆爲收錄。

　　李如一喜藏書，錢謙益稱其「見圖籍則破產以收，獲異書則焚香肅拜」，「遇秘冊必貽書相問，有求假必朝發夕至，且一經名人翻閱則書更珍重」〔註2〕。黃丕烈《得月樓書目記》稱：

　　　　……頃見東澗手錄陶九成《草莽私乘》，謂借自江上李如一，並言如一好書獨專，甚至減先人產收買圖籍而不惜其他，性情意氣無非愛惜之至〔註3〕。

葉昌熾《藏書紀事詩》亦贊：

　　　　東原赤岸李如一，意氣性情殊不群。

　　　　覓得異書頻下拜，刊編鑿翰盡歸君。〔註4〕

李如一藏書閣稱「得月樓」，又有「落落齋」以貯善本。其仿晁瑮《郡齋讀書志》、尤袤《遂初堂書目》之制編定家藏書目，「發凡起例并如也」〔註5〕。李氏藏書毀於順治二年（1645）秋之兵火，惟書目存家。

　　《江陰李氏得月樓書目摘錄》未分部類，簡單依照四部次序登錄書籍（按：金本著錄188種，盛本著錄186種。詳見下文「附錄」）。著錄書名、卷數，間或著錄書籍的本數、作者、存佚情況、附錄、內容結構等，尤其注意對版本的標識。該目收錄方志11種，大致歸於史部。又載《白氏六帖事類》、《古今類事》、《儒函數類》等類書，循隋唐舊意置於子部。又有對書籍保存情況的記載，稱《五百家播芳大全》「一百十卷。十五本。缺」，《呂東萊觀史類編》「五卷。五本。後缺。宋板」，《演山集》「六十卷。黃裳。抄本。不全」。《演山集》今有《四庫全書》本，此處記載則提供了明抄本的卷數、傳藏等線索。

〔註1〕　（乾隆）《江南通志》卷一百六十三《人物志》。
〔註2〕　繆荃孫：《李如一傳》轉引錢謙益《〈草莽私乘〉跋》，載盛氏《常州先哲遺書》本《得月樓書目》末。
〔註3〕　（清）黃丕烈：《得月樓書目記》，載盛氏《常州先哲遺書》本《得月樓書目》末。
〔註4〕　（清）葉昌熾：《藏書紀事詩附補正》，第285頁。
〔註5〕　繆荃孫：《李如一傳》轉引蔡澍《江陰志·李如一傳》，載盛氏《常州先哲遺書》本《得月樓書目》末。

二、各家對《江陰李氏得月樓書目》的著錄及該書的版本

（一）各家對該目的著錄

《清續文獻通考》著錄：

> 《得月樓書目》一卷。明李如一。〔註6〕

《堯圃藏書題識》著錄：

> 《得月樓書目》一卷。抄本。《江陰李氏得月樓書目》，各家簿錄未載。江陰近在同省，亦未知李氏爲誰何。余自古泉山館借得，傳寫一本，以備披覽。此目雖云摘錄，然中多罕有之書，是可珍也。原本誤及可疑處，用朱筆識；傳寫誤以墨筆改之。蕘翁記。

> 江陰李氏得月樓，不知其誰何。頃見東澗手錄陶九成《草莽私乘》，謂借自江上李如一，並言如一好書，獨專甚，至減先人產收買圖籍而不惜其他，性情意氣無非愛惜之至。此云江陰李氏，殆即所云江上李如一乎？余友海虞陳君子準云，東澗相好有江陰李貫之，殆即其人。見聞孤陋，不識如一貫之是否一人，以此日證之，約略近是。湖估藉此目，錄副還書，三日因書近日見聞如此。道光甲申秋閏月十三日冬蕘翁記於學耕堂。〔註7〕

《藝風藏書記》著錄：

> 《江陰李氏得月樓書目摘抄》一冊。明李鵬（按：疑排印錯誤，當爲鶚）翀撰。從黃蕘圃抄本傳錄。黃本與《傳是樓宋版書目》、《述古堂書目》合訂。是目先刻入《粟香館叢書》重編次本，又刻入《常州先哲遺書》。〔註8〕

（二）《江陰李氏得月樓書目》的版本

1. 黃丕烈抄校本。光緒二十二年（1896）武進盛氏思慧齋將該本收入《常州先哲遺書》中〔註9〕（按：下文簡稱盛本）。一卷，一冊。國圖，中科院，上海，遼寧，復旦，內蒙古，吉大，甘肅，南京，浙江，湖北，四川。

〔註6〕（清）劉錦藻：《清續文獻通考》卷二百七十三，第4593頁。

〔註7〕（清）黃丕烈著，屠友祥校注：《蕘圃藏書題識》卷三，第219頁。

〔註8〕繆荃孫：《藝風藏書記》卷五，上海：上海古籍出版社，2007年。

〔註9〕按：葉德輝稱此本爲「重編刻本」（《書林清話》卷一《古今藏書家紀板本》），則盛氏當對黃氏底本作有編輯工作，筆者對此二本做了對校，確證葉言爲實，將於下文對校結果作簡要介紹，以供參考。

2. 遠齋抄本，一卷，國圖。

3. 抄本，一卷。《書目叢抄》之一。國圖。

4. 清抄本，一冊，一卷。浙江。

5. 光緒十四年（1888）金武祥刻繆荃孫所抄黃丕烈舊藏本〔註10〕（按：下文簡稱金本），一卷，《江陰叢書》之一。清。國圖，復旦，遼寧，南京，蘇州，浙江（殘）。《粟香室叢書》據以影印。

6. 1916年翁斌孫朱絲欄抄本，一冊。國圖。

三、《江陰李氏得月樓書目》重視版本的著錄特色

葉德輝稱「江陰李鶡翀《得月樓書目》（一卷。一金氏《粟香室叢書》本，一《常州先哲遺書》重編刻本）亦注宋板、元板、抄本字」〔註11〕。

《得月樓書目》今存的兩種版本中，盛本乃「重編刻本」，而金本為抄本，當基本保存了原本面貌。故筆者以金本為據，統計其所收版本情況如下表。此外，筆者對二本進行了對校，現將版本部分的對校結果於備註中展示，以供參考。

版　本	書　名	備　註
宋版	十三經白文	
	東家雜記	宋板
	押韻釋疑	
	通鑑釋文	宋本
	輿地廣記	宋板
	諸城奏議	宋板
	白氏六帖事類	宋板
	仕學軌範	宋板
	世說新語	

〔註10〕按：據金武祥《〈李氏得月樓書目〉序》載，繆荃孫為潘景鄭搜刻黃氏《士禮居藏書題跋記》，得黃蕘圃舊藏抄本《李氏得月樓書目》。繆氏抄錄副本寄與金氏。雖為摘錄本，但金氏仍珍寶之，將其刻入《江陰叢書》中予以流傳。

〔註11〕葉德輝：《書林清話》卷一《古今藏書家紀板本》，《書林清話》，第4頁，上海：上海古籍出版社，2007年。

版　本	書　名	備　註
宋版	聖宋文選全集	金本「照宋抄」，盛本「宋本」
	琬琰集	
	太玄經	
	韓非子〔註12〕	
	呂東萊觀史類編	
	南塘錄	宋本
	東坡詞樂府	
元版	大易緝說	
	易經會通	
	洛陽保八原旨	
	易說	
	春秋諸傳會通	
	春秋纂疏	金本未錄版本，盛本稱元板〔註13〕
	集傳通釋大成	元板
	四書叢說	元板
	押韻淵海	元板
	元名臣事略	元板
	通典釋節	元本
	文苑英華纂要辨證	元板
	群書續編賦題星鳳	
	文苑辨證	
	文苑摘粹	
抄本	洪範論疇解	
	叢書堂春秋本末	
	四書叢說	元版

〔註12〕按：與小板《韓非子》為同一種。
〔註13〕按：以下備註版本者皆為此類，僅備註盛本，不贅述金本。

版　本	書　名	備　註
抄本	徐子擴墨池編	
	釋文	
	五代會要	
	大金國志	
	宋季三朝政要	抄
	建炎朝野雜記甲乙集	抄
	十國紀年	抄
	蔣魏公遺史	抄
	萬卷精華	
	錄	
	漁隱叢話	
	演山集	
	養蒙集	
	樓攻媿集	抄
	曾氏類說	
	襄陽守城錄	
	歷代統括	
	十國紀年	抄
成化本	直說通略	金本「成化板」，盛本「成化本」
活字版	編葺史監	
小版	左傳	
	宋賢注孔從子	
	中性集議名臣言行錄	
	韓非子〔註14〕	
	表學尺繩	
	類體少陵詩	

　　統計可見，李如一《得月樓書目》標注版本者多達60種，且絕大多為宋元板、抄本，所收書籍亦偏重經、史、名家集等，可見李氏雖為書癡，但非一味蒙頭羅致，其於藏書、編目活動中表現出了很高的版本、善本意識。

〔註14〕按：與宋板《韓非子》為同一種。

此外，由二者對校可見，盛氏於黃氏底本之上做了較多的版本增補、訂改。這些改動似為就書登錄之意，不知所憑何據，有待考證。

繆荃孫於《〈得月樓書目摘錄〉跋》中指出了該目的善本價值：

> 此目止百九十餘種，雖云摘錄，然世間已佚之書如李廉《春秋諸傳會通》廿四卷、陳伯宣《史記注》八十七卷、劉頒《東漢刊誤》一卷、汪應辰《唐書列傳辨證》二十卷、呂祖謙《新唐書略》三十五卷、李德裕《大和辨謗略》三卷、歐陽靖《聖宋掇遺》一卷、蔣之奇《魏公逸史》二十卷、倪思《正齋臺諫論》二卷、《中興集議名臣言行錄》三十卷、呂東萊《觀史類編》五卷、胡恢《南唐書》十卷、劉恕《十國紀年》四十二卷、宋敏求《河南志》二十卷、周淙《臨安志》十五卷、趙抃《成都古今記》三十卷、楊侃《職林》二十卷、張著《翰林盛事》一卷、白太素《續通典》二百卷、万俟禹《紹興貢舉考法》五十卷、丁謂《景德會計錄》六卷、顧烜《錢譜》十卷、陶岳《貨錢錄》一卷、董逌《續錢譜》十卷、陳絳《山堂遺集》十卷、《續》八卷、《文苑摘萃》十卷，共二十七種。〔註15〕

四、李如一的藏書思想

圖書難聚易散，是為常理，於古書而言則尤甚。牛弘有「五厄」之說，胡應麟更增為「十厄」，可知圖籍存護之不易。藏書之人愛書愈深、則懼其散佚愈甚。既得秘本，更不欲為人所知，故多深閣密鎖，藏而不宣。然而圖籍之道重在流傳，若藏而不用，則具蠹蝕之意，實不可取。

李如一對圖書雖極為珍愛，「見圖籍則破產以收，獲異書則焚香肅拜」，但同時也具有成熟、開放的藏書思想，允許普通書籍出借，「有求假必朝發夕至」〔註16〕，提倡藏書共讀。《善本書室藏書志》記向李如一借書之事：

> 《草莽私乘》一卷。舊抄本。南邨陶宗儀抄輯。
>
> ……《私乘》手稿藏王弇州家，蒙叟訪之不得，從江上李如一抄得之，並識二跋。〔註17〕

〔註15〕 繆荃孫：《〈得月樓書目摘錄〉跋》，載盛氏《常州先哲遺書》本《得月樓書目》末，南京：南京大學出版社，2010 年。

〔註16〕 繆荃孫：《李如一傳》轉引錢謙益《〈草莽私乘〉跋》，載盛氏《常州先哲遺書》本《得月樓書目》末，南京：南京大學出版社，2010 年。

〔註17〕 （清）丁丙：《善本書室藏書志》卷九，北京：中華書局，1990 年。

「天下好書，當與天下讀書人共讀之」。李如一的藏書思想燭芒萬代，堪稱歷代楷模。

五、《江陰李氏得月樓書目》存世版本兩種的差異

筆者取盛本與金本對校，發現二者雖皆以黃氏舊抄本爲底本、著錄的書籍大略一致，但無論在具體的著錄內容還是著錄格式上皆大不相同。金本的面貌當與原本更爲接近，而盛本則在原本基礎上做了修訂補正，雖顯規整，然未標明校改之處，故而大大改變了原本的面貌。二本相對，互有優劣。現將對校情況簡略敘述如下。

就版本概況而言，盛本爲刻本，半頁 14 行，著錄書籍 186 種，內有黃丕烈校語 7 處。金本爲影刻抄本，半頁 8 行，著錄書籍 188 種，無批校語。其中，盛本中《春秋屬辭》、《左氏集解》2 種爲金本所無，金本中《宋桑世昌蘭亭考》、《九域志》、《文苑辨正》、《曾氏類說》4 種爲盛本所無。

就著錄次序而言，盛本與金本大不相同。金本在著錄時未對書籍進行明晰分類，而盛本當是將黃氏舊抄本之著錄次序打亂後，大略依經史子集四部次序重新編排而成。其經部大致的著錄次序爲易、書、詩、禮、春秋、四書、經總、小學；史部爲正史、編年、分類紀要、雜史、詔令奏議、傳記、載記、地理、職官、政書、目錄；子部有諸子、天文算法、藝術、法帖、類書、醫書、小說等；集部分別集、全集、詞曲、詩文評等。

就著錄內容而言，盛本較金本的著錄內容多有增補、刪改之處。其中改動書名者 33 處。

其一：

金本稱「《釋文》十卷。一本。鈔」。盛本稱「《法帖釋文》十卷。一本。劉次莊。鈔。」

其二：

金本稱「《元名臣事略》十五卷」。盛本稱「《國朝名臣事略》十五卷。蘇天爵。元板」。

蘇天爵爲元人，該書元本名爲《國朝名臣事略》，後代改稱「國朝」爲「元」。盛本既標明爲元板，則書名亦是按該書原樣登錄。由此二例看，盛本增補了金本未備的作者、板本等信息，著錄面貌亦更爲原始。

其三：

金本稱「《唐書糾謬》二十卷。吳縝」。盛本稱「《新唐書糾謬》二十卷。吳縝」。按：吳縝所著乃《新唐書糾謬》無疑。

其四：

金本稱「《漢唐秘史》。一本。寧王」。盛本稱「《漢書秘史》。一本。寧王」。

寧王朱權所著者當爲《漢唐秘史》，該書現藏於安徽省博物館，見載於《安徽省文物志稿（中冊）》：「《漢唐秘史》，明朱權纂，2 卷。匡高 25 釐米，寬 16 釐米，四周雙邊，大黑口。半頁 13 行，行 22 字。……。」〔註18〕鄭鶴聲亦稱寧王所著爲《漢書秘史》：「寧王《漢書秘史》一卷。按：見《得月樓書目》著錄。」〔註19〕則其所見之本當爲盛本系統。

其五：

金本稱「《職官公紀》五十卷。孫逢吉」。盛本稱「《職官分紀》五十卷。孫逢吉」。

《職官分紀》乃宋代書名。書中對每一職官先列《周禮》官制，次敘歷代職官的變化沿革，至宋神宗、哲宗時止。該書兼採史傳記載曾任此官的名人事蹟，採擷豐富，對研究歷代官制沿革有重要參考價值〔註20〕。金本做《職官公紀》，應爲抄錄之誤。

其六：

金本稱「《韓魏公諫錄》六卷。王方慶」。盛本稱「《魏鄭公諫錄》六卷。王方慶」。

《魏鄭公諫錄》乃唐人王方慶所著，專記唐太宗與魏徵問對的嘉言善行，共一百二十九事。該書記載較爲可靠，其史事多爲兩《唐書》、《資治通鑑》等重要文獻所徵用。魏徵曾受封爲鄭國公，故書名稱「魏鄭公」。韓魏公乃北宋大臣韓琦，封魏國公。此處當是金本抄錄之誤。

金本分別著錄、而盛本合併著錄卷目者 7 處。金本在著錄書籍時，若該書分上中下三卷，則金本便著錄爲「上中下三卷」，而盛本則直接著錄爲「三卷」。如金本稱「《認字測》上中下三卷。周宇」；盛本稱「《認字測》三卷。周宇」。

〔註18〕《安徽省文物志稿（中冊）》，第 121 頁，合肥：安徽省文物志編輯室，1988年。

〔註19〕鄭鶴聲：《正史匯目》，第 86 頁，天津：天津古籍出版社，2009 年。

〔註20〕李偉民編：《法學辭源》，第 2905 頁，哈爾濱：黑龍江人民出版社，2002 年。

又有金本將書籍篇章分列者，而盛本合錄，顯得更爲規整。如金本稱「《兩漢書疏》西漢八卷，東漢八卷。六本」；盛本稱「《兩漢書疏》十六卷。東漢人。西漢人。六本」。

盛本將金本的作者及朝代項的著錄位置從書名前移除而後置者 7 處。如此一來，則著錄更加嚴謹，表意清晰，一目了然。如金本稱「元王耕野《讀書管見》。二本」。盛本稱「王耕野《讀書管見》二卷。一本。王充耘」。

王充耘，字耕野，吉水人，元統六年（1333）進士，授永新州同知，棄官歸養老母，著書教授。該書爲《尚書》的研究著作，《四庫全書》收錄，亦作二卷。王耕野另有《書義矜式》，爲《尚書》經義的舉業範文。

又如，金本稱「《山堂遺集》。《正》十卷。陳絳。《續》八卷。六本」。盛本稱「《山堂遺集》十卷。《續》八卷。六本。陳絳」。

語序一變，表意更清。《山堂遺集》正、續皆爲陳絳所作。

盛本改動金本對作者的著錄 15 處。如金本稱「《名臣碑傳琬琰錄》前廿四卷，後廿二卷。十二本。王象乾」。盛本稱「《名臣碑傳琬琰錄》前二十四卷，後二十二卷。十二本。徐□。原作王象乾，誤」。

《名臣碑傳琬琰錄》作者應爲杜大珪。2003 年北京圖書館出版社出版《名臣碑傳琬琰集》，宋杜大珪編。上集二十七卷，中集五十五卷，下集二十五卷，半葉十五行二十五字，左右雙邊，白口，雙魚尾，中縫上方偶記字數，中標「琬琰幾」及葉次，書口下間有刻工。題「眉州進士杜大珪編」。前有紹熙五年（1194）杜大珪序。由此例可知盛本對底本作有糾謬訂改，金本則較爲接近原貌。然盛本的改動或有未當之處。

又如，金本稱「《宋季三朝政要》六卷。張萱」。盛本稱「《宋季三朝政要》六卷。一本。鈔」。

《宋季三朝政要》不著撰人姓名，四庫館臣推測是宋朝遺老所爲。《越縵堂讀書記》、《藏園群書經眼錄》著錄該書，遼寧省圖、國圖俱藏元至治三年（1323）張氏刻本。該本半頁十五行二十四字，黑口，四周雙邊。首爲目錄，目後有牌子，文曰：「至治癸亥張氏新梓」，可證其爲張氏刻本。目錄前有牌子，文曰：「理宗國史載之過北，無復可考，今將理、度兩朝聖政及幼主本末纂集成書，以備他日史官之採擇云」；《越縵堂讀書記》又載其卷六首自序，稱作者「似宋故臣而曾仕元者」，且「書中皆稱大元大兵，卷末附論，亦頗頌元德」，故其書之編成應在元代。

　　文淵閣《四庫全書》本載錄張萱《宋季三朝政要題辭》，對該書多有稱道，稱其「勝國善本，與余《厓山小志》互出入，亦多《宋史》所未具，故覆梓之，蓋欲補史家之闕，亦以寄余《厓山小志》未竟之意也」〔註21〕。可知該書有張萱刻本，金本於《宋季三朝政要》下注「張萱」，或因其所見者當爲張萱刻本之故。盛本知張萱爲刻者而非作者，故刪改。

　　又如，金本稱「《鄭元端詩》一卷」。盛本稱「《鄭元詩》一卷」。

　　鄭元，字德芳，隋唐大臣，滎澤人，鄭善果從兄。少以父功拜儀同大將軍，襲封沛國公。累遷右衛將軍，改封莘國公，出爲文成太守，入爲太常卿。《舊唐書》有傳，稱其舉進士第，「時稱其能」。

　　鄭元端爲元代詩人，有《詠蘭》詩：「靈均清夢遠，遺佩滿沅湘」。

　　盛本又有改金本「戴丙」爲「戴昺」、改「徐幾」爲「徐璣」、改「貫之石」爲「貫雲石」者，皆爲對金本載錄不當之處的糾謬。

　　盛本亦有誤改之處。如改「王宗哲」爲「汪宗哲」者，改《東南防守利便》作者「宋吳若」爲「呂祉」者（按：《東南防守利便》一書爲呂祉、吳若同撰，見《四庫全書總目提要‧卷七十五‧史部三十一‧地理類存目四》）。

　　盛本對金本版本項的著錄亦略有2處改動。如金本稱「《直說通略》十三卷。成化板」。盛本稱「《直說通略》十三卷。成化本」。

　　金本稱「板」，明指刻本。盛本稱「本」，模糊了鈔本與刻本的區別。

　　盛本對金本著錄的卷數、本數有5處增改。如金本稱「《押韻淵海》二十四卷。四本。嚴毅」。盛本稱「《押韻淵海》二十卷。四本。嚴毅。元板」。

　　南圖藏至元六年（1340）蔡氏梅軒刻本《押韻淵海》二十卷，元嚴毅輯，半頁十二行，字無定數。盛本稱該書爲二十卷，且爲元板，似乎是就書登錄。

　　又如，金本稱「《文苑英華纂要辨證》十本」。盛本稱「《文苑英華纂要辨證》十卷。一本。元板」。

　　明錫山華燧會通館有活字印本《文苑英華辨證》十卷。葉德輝稱「蓋此爲會通館所印之《文苑英華纂要》、《辨證》二種之一。版心稱『四卷』者，以前有《纂要》三卷，此其四卷也。其實每卷皆分子卷，通連正文，《纂要》八十四卷，此十卷也」〔註22〕。盛本改金本「十本」爲「十卷，一本，元板」，

〔註21〕 李致忠：《昌平集》，第444頁，上海：上海古籍出版社，2012年。
〔註22〕 葉德輝：《文苑英華辨證十卷記》，《湖南近現代藏書家題跋選》第一冊，長沙：嶽麓書社，2011年。

似是就書登錄。

又如，金本稱「《世說新語》六卷。宋板」。盛本稱「《世說新語》六本。宋板」。

《世說新語》原名《世說》，宋之後改爲《世說新語》。《隋志》、二《唐書》皆載爲八卷，劉孝標注本爲十卷，宋之後的通行本爲三卷〔註 23〕。中科院圖書館藏正德四年（1509）趙俊刻《世說新語》八卷，爲現存最早的明刻本。嘉靖十四年（1535）袁褧嘉趣堂刻《世說新語》三卷，將紹興本之上中下卷每卷復分上下，成爲六卷本之濫觴。魯迅藏有劉孝標注、清光緒十七年（1891）思賢講舍刻本六冊一套、上海商務印書館影印明版三卷本及六卷本各一套〔註24〕。國圖、上海圖書館皆藏明刻本三冊三卷。盛本改金本「六卷」爲「六本」，似是就書登錄。

又如，金本稱「趙汸《左氏傳文》十三卷。三本」。盛本稱「《左氏傳補注》十卷。三本。趙汸」。

《春秋左氏傳補注》，元趙汸撰，十卷，有《四庫全書》本。

此外，盛本較之金本，又有點明書籍內部關聯者 1 處：金本稱「《呂東萊別集》十六卷《外集》五卷。《年譜》。一本」；盛本稱「《呂東萊別集》十六卷《外集》五卷。附《年譜》。一本」。

盛本以「附」字標明主次關係，描述更加清楚需要指出的是，盛本只著錄作者，對作序、作跋之人名氏不作著錄，對金本所中所列序跋作者皆予以刪去，共 2 處。

盛本又有刪掉金本對著錄形式的錯誤描述 1 處：金本稱「《麟臺故事》五卷。宋程俱撰」；盛本稱「《麟臺故事》五卷。程俱」。

程俱確爲宋人，盛本刪去朝代，不知爲何。《麟臺故事》乃程俱編輯而成，非獨立撰寫之書，盛本刪去「撰」字爲確。

此外，盛本較之金本，又有增補作者 26 處、增補版本 20 處、增補卷數、本數 15 處、刪掉朝代 4 處，刪掉版本 1 處，將「廿」字置換爲「二十」、使得書目表述更爲新式者 3 處。版本部分的增補情況前文已入表格，其他情況茲不枚舉。

〔註23〕 按：《宋史·藝文志》載錄爲「劉義慶《世說新語》三卷」，故而推知。
〔註24〕 肖振鳴編：《魯迅讀書》，第 125 頁，桂林：灕江出版社，2013 年。

第二節　祁承㸁《澹生堂藏書目》

　　《澹生堂藏書目》保存有相當珍貴的書籍信息，反映了祁承㸁家藏書籍的盛況。其對四部分類法的繼承與創新、對互著別裁法的成熟運用等，是祁承㸁目錄學理論的具體實踐結果。此外，該目各類之後的附錄內容又是對祁氏增補家藏圖書情況的反映。《澹生堂藏書目》著錄有序、編排有度，具有重要的目錄學、書籍史價值，堪稱明代私家藏書目的一部精品。

一、《澹生堂藏書目》的作者祁承㸁

　　祁承㸁，字爾光，號夷度，又號曠翁，晚號密園老人。萬曆三十二年（1604）進士，歷任山東、江蘇、安徽、河南等地，官至江西布政使右參使。著有《國朝徵信叢錄》，收書 123 種，又有《澹生堂餘苑》，收書 188 種，又有《諸史藝文抄》30 卷、《兩浙著作考》46 卷。今存《澹生堂集》、《澹生堂外集》、《宋賢雜佩》、《藏書訓約》、《牧津集》、《澹生堂明人集部目錄》等〔註 25〕。

　　山陰祁氏乃藏書世家，幾代詩書相傳，至祁承㸁父通奉公時即有「遺書五七架，庋臥樓上」〔註 26〕，其本人更是樂於汲古，藏書甚富。葉昌熾《藏書紀事詩》：「宣綾包角藏經箋，不抵當時裝訂錢。憶否曠亭朱楣畔，牙籤風過一鏗然。」〔註 27〕所言即爲澹生堂之藏書盛況。祁承㸁初建「曠園」於梅里，又建「澹生堂」以爲藏書屋。祁承㸁精於校勘，又喜抄書，「手錄古今四部，取其切近舉業者，匯爲一書，卷以千計，十指爲裂」〔註 28〕，家藏多世人未見之本。其所抄之書版刻精湛，紙墨優良，版心有「澹生堂抄書」五字，爲後世藏書家所重。祁承㸁編有《澹生堂藏書目》登錄藏書。又有《澹生堂明人集部目錄》一卷，附載《潛采堂宋金元人集目》，有 1911 年鄧實輯刻《風雨樓叢書》本。馬黎明有《越中祁氏藏書世家考述》一文，主要對祁承㸁、祁彪佳、祁理孫、祁班孫等爲代表的祁氏藏書家的譜系與藏書樓作了考述，可作參考。

〔註 25〕　李玉安、黃正雨編著：《中國藏書家通典》，第 276 頁，香港：中國國際文化出版社，2005 年。
〔註 26〕　（明）祁承㸁：《澹生堂藏書約》，《經籍會通（外四種）》，第 65 頁，北京：北京燕山出版社，1999 年。
〔註 27〕　（清）葉昌熾：《藏書紀事詩》，第 230 頁，北京：北京燕山出版社，2008 年。
〔註 28〕　（明）祁承㸁：《澹生堂藏書約》，《經籍會通（外四種）》，第 65 頁，北京：北京燕山出版社，1999 年。

二、《澹生堂藏書目》的版本

（一）稿本，不分卷，八冊，內有清丁丙跋。南京。

（二）明抄本，大連。

（三）明抄本，《澹生堂藏書目》不分卷，《藏書訓》一卷，《藏書約》一卷，存經、史、子、《藏書訓》、《藏書約》，清顧廣圻跋。上海。

（四）清宋氏漫堂抄本，四冊，九行二十字白口，四周單邊。前有「雪苑宋氏蘭揮藏書記」印，後分《澹生堂藏書約》一卷，《庚申整書小記》一卷，《庚申整書略例》一卷，《澹生堂藏書目》八卷。國圖。1995 年上海古籍出版社據此本影印。

（五）清光緒十八年（1892）會稽徐友蘭鑄學齋刻本，《紹興先正遺書》之一。十四卷。國圖，中科院，北大，上海，復旦，天津，遼寧，南京，湖北，四川。《宋元明清書目題跋叢刊》據以影印。

（六）清錢氏萃古齋抄本，不分卷，八冊，十行二十字，細黑口，左右雙邊。國圖。該本前有《澹生堂藏書約》、《庚申整書小記》、《庚申整書略例》。

（七）清汪氏藝芸精舍抄本（清劉喜海跋），青島博物館。

（八）清沈氏鳴野山房抄本，清王宗炎校，清馬用錫跋，天一閣。

（九）濟寧李氏《礦墨亭叢書》本，傅增湘校，李冬涵跋。

（十）民國抄本，不分卷，十冊。上海。

三、《澹生堂藏書目》的編纂體例

　　細密有致的編纂體例是《澹生堂藏書目》最大的特徵。這一特徵主要通過多樣化的類目設置以及對多種分類依據的綜合性運用體現出來。

　　據鑄學齋刻本統計，《澹生堂藏書目》14 卷，依經、史、子、集四部分類。卷一、卷二為經部，卷三至卷五為史部，卷六至卷十一為子部，卷十二至卷十四為集部。除卷七外，每卷後又設「續收」一目，著錄於書目編成之後收入、當入該卷類目之書。該目總設 47 大類、248 小類，著錄書籍 9074 種（按：「續收」部分僅統計書籍數量，不算類目。又，該目中有採用互著法者，同一書多處著錄；又有採用別裁法者，將叢書、總集之總目與其包含之書分別著錄。這兩種情況本文暫未另行對待，統計數據僅供讀者參考）。

　　該目著錄書名、冊數，間或著錄卷數、版本、作者、分卷結構、同書異

名、附、複本、種數、叢書中各書之名等。對複本而卷冊數不同的書籍以「又二冊」、「又六卷」的形式著錄，對同名書則分別著錄。作者、版本相同的書籍，有合併著錄者，亦有未合併者。一書有上、下、正、續等編的，分別列出，但合併著錄。其中卷十一叢書類不僅著錄叢書名，亦以小字著錄叢書所輯各書名。卷十二總集類詩編 50 種，亦大多在總目之下著錄了細目。

《澹生堂書目》的具體類目設置及各類著錄數量詳見下表：

部　類	二級類目	三級類目	四級類目	總　計
經 11 類 1194 種	易	古易 6		10 類 156 種
		章句注傳 14		
		疏義集解 6		
		詳說 51		
		拈解 26		
		考正 7		
		圖說 22		
		卜筮 12		
		易緯 4		
		擬易 8		
	書	章句注疏 7		46 種 5 小類
		傳說 20		
		圖譜 8		
		考訂 10		
		外傳 1		
經 11 類 1194 種	詩	章句注疏 9		46 種 5 小類
		傳解 25		
		考止圖說 5		
		音義注釋 5		
		外傳 2		
	春秋	經傳總 5		73 種 8 小類
		左傳 18		
		公羊 2		
		穀梁 2		
		通解 24		

部　類	二級類目	三級類目	四級類目	總　計
		考證 8		
		圖譜 9		
		外傳 5		
	禮	周禮 18		
		儀禮 3		
		二戴禮 21		
		通解 7		8 小類 112 種
		圖考 6		
		禮緯 1		
		中庸 19		
		大學 37		
	孝經	注疏		
		叢書		3 小類 16 種
		外傳		
	續收	易 60	宋元 35	
			（餘）25	
		書 17		123 種
		詩 15		
經 11 類 1194 種		春秋 20		
		禮 11		
	論語	章句注疏 8		
		解說 11		
		別編 9		5 小類 36 種
		圖志	8	
		外傳		
	孟子	章句注疏 9		
		雜解	13	3 小類 22 種
		外傳		
	經總解	傳說 41		
		考定 12		4 小類 84 種
		音釋 5		
		經筵 26		

部　類	二級類目	三級類目	四級類目	總　計
	理學	性理 19		213 種，下分 6 小類
		詮集 25		
		遺書 48		
		語錄 68		
		論著 47		
		圖說 6		
	小學	爾雅 12		199 種，下分 6 小類
		蒙書 35		
		家訓 38		
		纂訓 43		
		韻學 42		
		字學 29		
	續收	經總解 29		68 種
		理學 19		
		小學 20		
史 15 類 2622 種	國朝史 12 類 906 種	御製 23		
		勅纂 36		
		彙錄 7		
		編述 32		
		分紀 147	洪武朝 48	
			建文朝 8	
			永樂朝 6	
			洪熙朝、宣德朝、正統天順朝 15	
			弘治朝 4	
			正德朝 8	
			嘉靖朝 23	
			隆慶朝 3	
			萬曆朝 32	
		武功 130	彙輯 5	
			餘 125	

部　類	二級類目	三級類目	四級類目	總　計
		人物 141		
		典故 76		
		時務 67		
		雜記 99	稗史 57	
			巷談 42	
		行役 48	使命 29	
			官轍 19	
		風土 70	皇輿 16	
			異域 54	
		續收 30	國朝史（人物）12	
			國朝史（典故）18	
史 15 類 2622 種	正史類 28	正史		
	編年史類 28	通鑒		
		綱目		
		紀		
		記事		
	通史類 14	會編		
		纂略		
	約史類 32	約史		
	史鈔類 16	節詳		
		摘略		
	史評類 63	考正		
		論斷		
		讀史		
	霸史類 37	列國		
		偏霸		
	雜史類 105	野史、稗史 92	三代 5	
			漢晉六朝 7	
			唐 21	
			宋 42	
			元 17	
		雜錄 13		

部　類	二級類目	三級類目	四級類目	總　計
	記傳類 220	別錄 21		
		垂範 24		
		高賢 20		
		彙傳 29		
		別傳 44		
		忠義 19		
		事績 17		
史 15 類 2622 種	典故類 23	行役 14		
		風土 32		
		故實		
		職掌		
	禮樂類 73	國禮 18		
		家禮 24		
		樂律 17		
		祀典 14		
	續收 75	正史 13		
		記傳 46		
		典故 3		
		禮樂 13		
	政實類 111	時令 17		
		食貨 4		
		刑法 41		
		官守 8		
		事宜 41		
	圖志類 715	統志 8		
		通志 50		
		郡志 99		
		州志 60		
		邑志 323		
		關鎮 9		
		山川 86		

部　類	二級類目	三級類目	四級類目	總　計
		攬勝 27		
		園林 17		
		祠宇 25		
		梵院 11		
史 15 類 2622 種	譜錄類 146	統譜 11		
		族譜 15		
		年譜 44		
		世家 17		
		試錄 25		
		姓名 10		
		書目 24		
	續收 30	政實 8		
		圖志 22		
子 13 類 3292 種	儒家類 132	儒家		
	諸子類 270	墨家 6		
		法家 15		
		名家 3		
		縱橫家 2		
		雜家 244		
	續收 26	儒家		
	小說家類 640	說彙 20		
		說叢 19		
		佳話 21		
		雜筆 393	唐 28	
			宋 111	
			元 23	
			國朝 231	
		閒適 66		
		清玩 42		
		記異 65		
		戲劇 14		

部　　類	二級類目	三級類目	四級類目	總　　計
子 13 類 3292 種	農家類 106	民務 17		
		時序 8		
		雜事 13		
		樹藝 52		
		牧養 16		
	道家類 332	老子 29		
		莊子 27		
		諸子 21		
		諸經 72		
		金丹 41		
		彙書 7		
		詮述 29		
		修攝 28		
		養生 20		
		記傳 48		
		餘集 10		
	續收 7	道家		
	釋家類 919	大乘經 324	般若 17	
			寶積 16	
			華嚴 23	
			涅槃 7	
			重譯 175	
			單譯 86	
		小乘經 71	小乘阿含 44	
			（餘）27	
		宋元續入經 69		
		東土著述 5		
		律儀 33		
		經典疏注 98		

部　類	二級類目	三級類目	四級類目	總　計
子 13 類 3292 種		大小乘論 42		
		宗旨 21		
		語錄 39		
		止觀 20		
		警策 12		
		詮述 35		
		提唱 15		
		淨土 20		
		因果 22		
		記傳 25		
		禪餘 51		
		文集 17		
	續收釋家 4			
	兵家類 77	將略 49		
		兵政 28		
	天文家類 54	占候 24		
		曆法 30		
	五行家類 165	占卜 50		
		陰陽 25		
		星命 33		
		堪輿 57		
	醫家類 192	經論 34		
		脈法 13		
		治法 46		
		方書 24		
		本草 18		
		傷寒 18		
		婦人 6		

部　　類	二級類目	三級類目	四級類目	總　　計
子 13 類 3292 種		小兒 18		
		外科 15		
	藝術家類 124	書 37		
		畫 36		
		琴 13		
		綦 9		
		數 5		
		射（附投壺）6		
		雜伎 18		
	續收 36	兵家 17		
		醫家 19		
	類家類 124	會輯 36		
		纂略 32		
		叢筆 56		
	叢書類 66	國朝史 8		
		經史子雜 9		
		子彙 10		
		說彙、雜集 17		
		彙集 22		
	續收 9	類家 2		
		叢書 7		
集 8 類 2088 種	詔制類 36	王言		
		代言		
	章疏類 141	奏議 109		
		書牘、啓箋、四六 32		
	辭賦類 31	騷 15		
		賦 16		

部　類	二級類目	三級類目	四級類目	總　計
集 8 類 2088 種	總集類 137	詩文總集 17		
		文編 27		
		詩編 50		
		郡邑文獻 21		
		家乘文獻 7		
		遺文考識 9		
		制科藝 6		
	餘集類 94	逸文（附摘錄）23		
		豔詩（附詞曲）27		
		逸詩（附集句摘句）44		
	續收 55	章疏奏議 32		
		總集 13		
		餘集 10		
	別集類上 646	帝王集 10		
		漢魏六朝詩文集 43		
		唐詩文集 169		
		宋詩文集 117		
		元詩文集 42		
		國朝御製集 6		
		國朝閣臣集 56		
		國朝分省諸公詩文集（南直）203		
	續收 120	別集（唐詩文集）11		
		別集（宋詩文集）36		
		別集（元詩文集）28		
		別集（國朝御製集）2		
		別集（國朝閣臣集）8		
		別集（國朝分省諸公詩文集）35		

部　　類	二級類目	三級類目	四級類目	總　　計
集 8 類 2088 種	別集類下 524	國朝分省諸公詩文集（北直河南山東秦晉）103		
		國朝分省諸公詩文集（兩浙）116		
		國朝分省諸公詩文集（江西）171		
		國朝分省諸公詩文集（福建東西兩粵）78		
		國朝分省諸公詩文集（湖廣四川雲貴）56		
	詩文評類 133	文式、文評共 28		
		詩式 44		
		詩評 16		
		詩話 45		
	續收 58	別集（國朝分省諸公詩文集）41		
		詩文評 17		
	47 類	248 類		9196 種

四、《澹生堂藏書目》的特點

（一）《澹生堂藏書目》「因」、「益」結合的分類特點

在書目的類目設置方面，祁承㸁提出了「因」、「益」的意見。「因」指的是因循四部之定例，從而做到「類聚得體、多寡適均」〔註 29〕。祁承㸁認為四部分類法可以囊括其時書籍的全部屬性，且最為簡要、不至出現類目之間的交叉、覆蓋。「益」指的是於四部之內增加新的類目，為「似經似子之間，亦史亦玄之語」〔註 30〕等性質較為模糊的書籍單獨設類，從而做到類例精密，歸置得宜。

〔註 29〕　（明）祁承㸁：《庚申整書略例》，《經籍會通（外四種）》，第 87 頁，北京：北京燕山出版社，1999。
〔註 30〕　（明）祁承㸁：《庚申整書略例》，《經籍會通（外四種）》，第 88 頁，北京：北京燕山出版社，1999。

　　基於此，祁承㸁在因循四部分類法的基礎上對《澹生堂藏書目》的部類進行了空前的細化，對已有部類亦多加調整，形成了自己獨特的書目編纂體系。昌彼得《中國目錄學講義》稱「(《澹生堂書目》) 子目之設立，一較鄭、焦二家爲審愼，蓋由確有其書，故無濫入直弊。名法墨縱橫，傳者少簡，祁氏合爲諸子類，以視諸家附入雜家爲合理。別立禮樂一類，不混雜於經部禮樂類之中。合著錄專門之書如族譜、年譜、試錄、書目爲譜錄類，不以雜家爲無類可歸之淵藪，皆較自四部目錄部次爲妥善」〔註31〕。蔣元卿《中國圖書分類之沿革》稱，「是目雖以經史子集爲類，而細目多異前人，其體例之善，在明代可稱佳作」〔註32〕。

　　《澹生堂藏書目》的分類特色主要有以下幾點：

　　其一，承繼四部分類的傳統，仍以六經冠首。六經之中，又於各類之首先列當代御製文翰制書。首列御製書籍的做法，當自王應麟《玉海》始，陸深《江東藏書目》從之，焦竑《國史經籍志》亦從之，明代其他書目亦多依此例。

　　其二，仿小學例，將理學單獨設類，歸於經部。祁承㸁認爲漢人訓詁列於經，而宋儒理學強半爲解經之語，故亦當列於經部。

　　其三，當將禮樂從經部移出，從典故儀注之後，附於史部。祁承㸁稱「一代之禮樂，猶一代之刑政」〔註33〕，故應入史。

　　其四，別「纂訓」爲一類，附於小學之後。祁承㸁認爲有雖爲小說而實記史實者，有雖似子而實爲小說者，有列於子而實爲垂訓者，皆置於「纂訓」之下。

　　其五，仿奏疏之例，將「書記」獨立設類，附於文集之後。祁承㸁認爲奏疏與書記體裁類似，奏疏因爲對君之體，故而單置，因而書記亦應單置一類，不應混於集部之中。

　　其六，將釋、道二家單獨設類，列於子部。《澹生堂藏書目》於子部設「道家類」，分老子、莊子、諸子、諸經、金丹、彙書、詮述、修攝、養生、記傳、餘集 11 小類著錄道教書籍 332 種。又設「釋家類」，分大乘經（般若、寶積、華嚴、涅槃、重譯、單譯）、小乘經（小乘阿含、餘）、宋元續入經、東土著

〔註31〕　申暢：《中國目錄學家傳略》，第 94 頁，鄭州：中州古籍出版社，1987 年。
〔註32〕　蔣元卿：《中國圖書分類之沿革》，第 95 頁，臺北：臺灣中華書局，1983 年。
〔註33〕　（明）祁承㸁：《藏書訓略·鑒書》，《經籍會通（外四種）》，第 83 頁，北京：北京燕山出版社，1999 年。

述、律儀、經典疏注、大小乘論、宗旨、語錄、止觀、警策、詮述、提唱、淨土、因果、記傳、禪餘、文集 18 小類著錄佛教書籍 919 種。

其七，於子部之末設「類家類」，分會輯、纂略、叢筆 3 小類著錄類書 124 種。又設「雜纂」類著錄筆記，與類書皆附四部之後。

其八，將叢書單獨設類，列於子部。《澹生堂藏書目》子部「叢書類」分國朝史、經史子雜、子彙、說彙、雜集、彙集 6 小類著錄叢書 66 種。國朝史類著錄明代叢書 8 種，其第八種《澹生堂餘苑》又分「經之餘」、「史之餘」、「子之餘」、「集之餘」4 部分。《澹生堂藏書目》「叢書類」的設立不僅是對明代叢書編纂成果的反映，更對後世書目分類中「叢書類」的確立產生了直接影響。

1.《澹生堂藏書目》的類目歸置特點

在「益」這一思想指導下，祁承爜提出了增設「約史」、「理學」、「代言經筵」、「叢書」、「餘集」等類目的建議，並於《澹生堂藏書目》的編纂中進行了部分的實踐。

「約史」所納 32 種為《竹書紀年》、《古今考》之類統記千萬年大事之書，縱橫捭闔，與正史之概述、稗史之繁瑣俱不相同，故而單置。「餘集」類所收詩評、詩話、樂府注等 10 種，為祁承爜認為雖亦稱「集」，而又與「集」有異，亦作區分。「代言經筵」一類為《澹生堂藏書目》之所無，祁氏的相關闡述見載於《庚申整書略例》中，稱其所納為代製王言者。姚名達認為這一類目是對《直齋書錄解題》中「詔令」類的延續，似為切題。

「理學」類的設置源自《文淵閣書目》的「性理」一類，後為《秘閣書目》（性理）、《寶文堂書目》（性理）、《趙定宇書目》（理樂書）、《江東藏書目》（理性）、《世善堂書目》（輔道諸儒書）、《內閣書目》（理學部）等沿用，體現除了明代的學風與思想流派。祁承爜認為《伊洛淵源》、《近思錄》、《真西山讀書記》、《黃氏日記抄》等理學家著作皆為「六經之注腳」，不可與諸子並論，故將其單獨設類並置於經解之後，以彰其地位。而於該類之內，祁承爜又設性理、詮集、遺書、語錄、論著、圖說 6 小類對所收錄的 213 種理學書籍進行了進一步的細分，從而進一步強化了書目的學術性。在子類目的設置方面，《澹生堂藏書目》的二級類目總計 47 種，與前後各代尚為接近。而其三級類目多達 248 種，設置之細密或僅次於《國史經籍志》，令人歎服。本書於《國史經籍志》部分對子類目的設置問題做有探討，可供參考。

　　將叢書單獨設類歸置的做法，《澹生堂藏書目》之前唯有《趙定宇書目》一種。然趙用賢只保持了《稗統》三種的分別獨立，而未將其統歸一類，且又有《稗海大觀》、《說郛》叢書等散見於其他各類中。故而筆者認為，趙用賢並未真正認識到叢書的特殊性，其將《稗統》三種單置的做法並非因其為叢書之故。

　　《澹生堂藏書目》將叢書單獨設類，與類書類同置於子部之下。將叢書單獨設類是祁承㸁的一項創舉，體現出祁氏對叢書內容性質特殊性的認可。叢書乃是將同一主題的多種書籍聚而叢列，與類書類取各書相關章節匯為一輯的做法具有相似之處。特殊的成書辦法導致了叢書、類書涵括四部、兼具多種屬性的特徵，使其難以在壁立森嚴的四部之中找到歸屬。故而祁承㸁將叢書與類書置於子部的做法只可作為一時權宜，難以稱善。這一事實表明，隨著書籍種類的與日俱增，傳統的四部分類法或已無法滿足時代的需求。

　　在祖父家傳的基礎上，祁理孫於清初編定的《奕慶樓藏書目》突破了四部禁錮，分經、史、子、集、四部匯五部著錄圖籍。這一突破主要是以叢書為研究對象進行的。祁理孫將專門性叢書分入經、史、子、集各部，將綜合性叢書歸入「四部匯」。「四部匯」即為綜合性叢書部，著錄了《漢魏叢書》、《津逮秘書》、《格致叢書》等 14 種。

　　祁承㸁認為「（書籍）別品類為難，別品類於史則尤難」〔註34〕，提出將禮樂「從『典故』、『儀注』之後而附之『史』」的說法，以「一代之禮樂，猶一代之刑政」〔註35〕故也。《澹生堂藏書目》於史部「典故」類後設「禮樂」類，著錄國禮、家禮、樂律、祀典 4 類 73 種。

　　2.《澹生堂藏書目》對多種分類依據的綜合併用

　　祁承㸁「別品類」的建議中，第一條便是「以六經冠之群書，而特以文由聖翰、事關昭代者每列於各類之首，則既不失四部之體，而亦足表尊周之心」〔註36〕。

　　將聖製列於全目之首的做法始於王應麟，為楊士奇、陸深、焦竑等沿用。

〔註34〕（明）祁承㸁：《藏書訓略》，《經籍會通（外四種）》，第 84 頁，北京：北京燕山出版社，1999 年。

〔註35〕（明）祁承㸁：《藏書訓略》，《經籍會通（外四種）》，第 83 頁，北京：北京燕山出版社，1999 年。

〔註36〕（明）祁承㸁：《藏書訓略》，《經籍會通（外四種）》，第 83 頁，北京：北京燕山出版社，1999 年。

祁承爍認可這種「尊周」的態度，並在此基礎上結合書籍的學術屬性對傳統的類例設置做了改進。《澹生堂藏書目》以經、史、子、集順序排列，而將聖製、典制置於史部、子部、集部之首。這樣做的理由是，「國史，一代之典章，自宜尊王，而家籍一人之私藏，不妨服聖」〔註37〕。依四部分類，保證了各部之間的邏輯統一，設類清晰，便於檢索。將尊王與尊聖分離開，則更好地保持了書目的學術獨立性。這種做法在高度中央集權的時代是非常難得的，是目錄學家思想解放的表現。

　　《澹生堂藏書目》於史部首設「國朝史類」，分御製、勅纂、匯錄、編述、分紀，武功、人物、典故、時務、雜記、行役、風土12小類，著錄明代史書876種。之後再按性質分正史、編年等各類。其子部「叢書類」亦將「國朝史」首置，著錄明代所編叢書8種。之後再依性質分經史子雜、子匯等各類。其集部「別集類」則首設「帝王集」，著錄明以前各朝帝王文集（按：主要是魏晉時期），次依朝代分漢魏六朝、唐、宋、元各朝詩文集。至明人集部分，又首列「國朝御製集」，著錄明代御製詩文及閣臣唱和之作6種，次爲「國朝閣臣集」，著錄內閣諸臣詩文集56種，次爲「國朝分省諸公詩文集」，分省著錄明人別集。

　　橫向看，「國朝史類」、「叢書類」將明代的御纂、典制單設一類，屬於依照政治屬性的設類方式；對除此之外的其他書籍則依照經史子集等學術屬性設類，並與御纂、典制類並行。而「別集類」則將明以前各朝帝王文集與漢魏六朝、唐、宋、元各朝詩文集以及明代的御製、閣臣、分省諸公並行設類，同級類目之中將政治性、時間性、地域性（按：「國朝分省諸公詩文集」依地域分爲「南直」、「北直河南山東秦晉」、「兩浙」、「江西」、「福建東西兩粵」五類）三種依據交叉運用，用心可謂良苦。

　　縱向看，《澹生堂藏書目》的史部「國朝史・分紀」下分「洪武」、「建文」、「永樂」等9類；「野史・稗史」下分「三代」、「漢晉六朝」、「唐」、「宋」、「元」5類；子部「小說家類・雜筆」下分「唐」、「宋」、「元」、「國朝」4類，其分類依據皆是從上級類目的學術屬性過度到了以朝代爲據的時間屬性，屬於多種設類依據的縱向轉化。

　　《澹生堂藏書目》將「尊經」、與「尊聖」區分對待，將多種設類依據綜

〔註37〕　（明）祁承爍：《藏書訓略》，《經籍會通（外四種）》，第83頁，北京：北京燕山出版社，1999年。

合併用的做法，既遵循了明代書目重視御製、國朝等類的特點，又最大限度地照顧到了書籍的學術性、時代性、地域性，從而方便讀者「因人」、「因代」、「因地」檢索書籍。

（二）《澹生堂藏書目》的著錄特點

1.《澹生堂藏書目》對書籍版本的著錄

《澹生堂藏書目》對版本項的著錄主要通過著錄複本的形式表現出來，而這些複本大多存在於該目收錄的叢書之中。如卷一‧經類第一‧易‧古易：

> 《三墳》一冊。一卷。《古今逸史》本，《范氏二十種奇書》本，《漢魏叢書》本。

卷一‧經類第一‧易‧章句注傳：

> 《京氏易傳》一冊。二卷。京房著，陸績注。《漢魏叢書》本，《范氏二十種奇書》本。

卷二‧經類第十‧理學‧詮集：

> 《楊慈湖先聖大訓》四冊。十卷。楊簡《慈湖遺書》本。又八卷。

《古今逸史》、《范氏二十種奇書》、《漢魏叢書》、《慈湖遺書》等皆為《澹生堂藏書目》收錄的叢書。這種版本項的著錄形式，同時也是對別裁法的採用。其中，《范氏奇書》之名首見於該目的著錄。其稱二十種，實際著錄十九種（按：參見《澹生堂藏書目》卷一一「叢書‧經之餘」部分）。

祁承㸁曾在《與潘昭度》一文中稱「只以詩文鳴於時」者「不足甚珍」。然《澹生堂藏書目》中，對不同版本的著錄最為集中的部分正是其「別集類」。

《澹生堂藏書目》對叢書之外的複本以「又二冊」、「又六卷」的字樣著錄。如「《蔡中郎集》二冊，八卷。又四冊，六卷」，「《陸士龍集》三冊，十卷。陸雲。又一冊，四卷」等。以「別集‧漢魏六朝詩文集」類為例，該類著錄的 43 種（按：包括複本）書籍中，有複本者即達 9 種，可見祁承㸁對詩文集的搜集是甚為看重的。

2.《澹生堂藏書目》對書籍內容結構的著錄

於類目設置之外，《澹生堂藏書目》的編纂之細密也可從其著錄的內容中體現出來。該目著錄細緻的表現之一，是在著錄時往往將彙編之書的內容結構一一說明。如經部「易‧古易」中著錄有《周易彙編》八冊，下稱「《詞意集》十三卷，《象數集》十三卷，《變占集》二卷」；「易‧拈解」中著錄《張氏三易》

三冊，下稱「《約說》三卷，《雜說》二卷，《臆說》二卷」等。這種說明可以看做是對書名的備註。類書、叢書、合集、選集等合錄之書往往冠以一個概括性的總名，如《津逮秘書》、《稗海》、《古今叢鈔》等，讀者無法從中獲取相關的內容信息。祁承𤌨將合錄之書的書名一一著錄，使得書目的內容更加立體豐富，增加了書目的學術信息，更為使用者按圖索驥提供了便利。

《澹生堂藏書目》著錄細緻的另一種表現是對「附錄」的記載。

一般來說，書籍「附錄」的產生有三種途徑。其一是作者撰述之時將某些內容重要、但邏輯上無法與正文章節並行的部分，或者非為原創、但與該書內容相關的部分（按：如傳記、年譜對象的著述，他人所作相關序跋等）作為附錄另置，實際上是書籍正文的一部分。如《國史經籍志》卷五之後附錄的《糾謬》九則，《南藏目錄》後附的《請經條例》、簡紹芳《升菴先生年譜》後附的楊慎著作目錄、阮刻《十三經注疏》附錄的《校勘記》等。

其二是書籍在傳抄的過程中，由抄錄者（按：往往也是抄錄之書的編訂者）將多種文籍合抄為一部，將小部頭的書籍或相關序跋等內容作為附錄置於大部頭書籍之後。這種附錄內容部頭雖小，但往往是珍密文籍、因內容過少而無法作為單行本刊行者。如臺灣傅斯年圖書館藏清烏絲欄抄本《傳是樓書目》，後便附有周亮工整理編訂的《楊升庵先生著書目》、《朱郁儀先生天寶藏書目》以及陸夢龍所撰《朱郁儀先生傳》三種。升菴、鬱儀著述目錄二種於現代校刻之前皆未付梓，只以傳抄本的形式流傳，極為罕見。

其三是書賈為豐富書籍內容、擴大銷量，或者平衡一套書之中各書的數量等原因，於刻書之時將一些小部頭書籍（按：或內容相關者）附於正書之後。這種情況與傳抄時增加的附錄一致，實際成為合訂之書。如《澹生堂藏書目》所記「《周易經傳沿革》一冊四卷。附程朱《說易綱領》，董真卿」，「《四書三說》十四冊三十卷。管大勳輯。合《蒙引》、《存疑》、《淺說》」，「《百忍箴》四冊五卷。附《考注百忍箴》一卷。許名奎輯，釋覺澂考注」等。

無論產生的原因為何，附錄都是書籍實物不可分割的一部分。而書籍於裝幀時，往往不將附錄的內容標識於封面。若編目時不詳加翻閱、或雖瞭解而不予以標示，則讀者往往無法領會到附錄的存在，從而遺漏重要信息。《澹生堂藏書目》於著錄時往往將附錄、合輯之書的細目一一羅列，不僅保存了書籍的原貌，更為考察書籍的傳播源流、研究一書的相關著作等提供了重要的信息。

3. 《澹生堂藏書目》對古今書目的著錄

《澹生堂藏書目》「譜錄類」下設「書目」一類，收錄古今書目 24 種，記其書目、卷數、冊數，年代、作者、版本等信息。書籍的卷數與版本直接相關，而冊數的統計則便於收藏管理。《澹生堂藏書目》於著錄時先記冊數，是對藏書面貌的登錄。後記卷數、作者、年代、版本等重要信息，具有靈活解題的意味。

「書目」類中，《諸史藝文鈔》、《兩浙著作考》二種爲澹生堂自輯。《諸史藝文鈔》稱十冊三十卷，則數量可觀，當爲保存歷代史志藝文志的重要著作，惜已不傳。《兩浙著作考》輯於萬曆四十六年（1618），爲我國最早的地方著作目錄。該書又名《兩浙古今著作考》，有澹生堂抄本，未嘗付梓。黃裳或得此書，稱「山陰祁氏澹生堂抄本《兩浙古今著作考》十五冊，祁承爍著，未刊稿本也」〔註 38〕。又稱「《千頃堂目》錄有祁承爍《諸史藝文抄》三十卷，又《兩浙著作考》四十六卷一條，諸家著錄，僅見有此」〔註 39〕，則是未察《澹生堂藏書目》之故〔註 40〕。《千頃堂書目》所載二書卷數與《澹生堂藏書目》相同，或據《澹生堂藏書目》移錄。黃裳跋語稱「此書尚是未定稿本，卷數亦尚未寫定。全書十八冊，今存十五冊，因書脊舊寫冊數知之」〔註 41〕。《澹生堂藏書目》所著錄者爲「二十四冊，四十六卷」。不知二書所指是否爲同一本。黃氏所得爲不全殘本，且字有脫訛，則其卷數或不可考矣。

此外，該部分又著錄《文淵閣藏書目》一種，稱「萬曆年間張萱等輯」。則知其實爲《內閣書目》，稱「文淵閣」者當爲泛指。

又有《行人司藏書目》一冊二卷，《續藏書目》一冊一卷。明代行人司的藏書目錄有萬曆二十三年（1593）黃怡堂編刻本與萬曆三十年（1602）徐圖刻本兩種。後者乃是徐圖因司內舊日所藏之書多有散佚，歷年繼有新書增補，舊目已不便檢閱，故而根據閣書現狀重加編刻者，稱《行人司重刻書目》。《澹生堂藏書目》所稱《續藏書目》者，或即指徐圖重刻之本。《千頃堂書目》稱「《行人司書目》二卷，又《續書目》一卷」〔註 42〕者，或自《澹生堂藏書目》而來。

〔註 38〕 黃裳：《來燕榭書跋（增訂本）》，第 187 頁，北京：中華書局，2011 年。
〔註 39〕 黃裳：《來燕榭書跋（增訂本）》，第 187 頁，北京：中華書局，2011 年。
〔註 40〕 按：王國強《明代目錄學研究》又移錄黃裳此誤（第 140 頁）。來新夏《目錄學讀本》稱祁氏所著爲《兩浙著述考》，亦誤。《兩浙著述考》爲民國間宋慈抱著，有項士元審訂本，1985 年由浙江人民出版社初版。
〔註 41〕 黃裳：《來燕榭書跋（增訂本）》，第 190 頁，北京：中華書局，2011 年。
〔註 42〕 （清）黃虞稷：《千頃堂書目》卷十，清文淵閣《四庫全書》本。

又有《天下古今書刻法帖目》一種，稱「一冊，一卷，周弘祖」。周弘祖撰有《古今書刻》，爲全國性的刻書目錄，世有傳本，是考求出版史的重要參考資料。《天下古今書刻法帖目》亦署名周弘祖，僅見於《澹生堂藏書目》的著錄，當已失傳。據其書名推斷，該書或爲周氏自《古今書刻》中輯錄法帖部分匯輯而成，有待考證。該目爲《明史・藝文志》所未載，可作補遺。

此外，《澹生堂藏書目》亦有著錄失誤之處。如經類「詩・考正圖說」內著錄有《毛詩正變指南圖》，稱「一冊，一卷。陳林官本。即《六經圖》」。「陳林」當爲「陳森」之誤。六經自漢唐以來皆有譜圖，然多散佚。宋紹興間，布衣楊甲彙整六經之譜圖並加撰述，稱《六經圖》。宋乾道初，撫州周官陳林囑教授毛邦翰等補刻。袁芳榮《古書犀燭記續編》一書有《〈六經圖考〉與避諱》，備述該書版本流變，可供參考。

4.《澹生堂藏書目》保存了《天寶藏書》的珍貴信息

《澹生堂藏書目》中有四處對《天寶藏書》的記載：

卷一・經類第一・易・拈解：

　　《易象通》一冊。八卷。朱謀㙔。《天寶藏書》本。

卷一・經類第三・詩・傳解：

　　《朱氏詩故》二冊。十卷。朱謀㙔。《天寶藏書》本。

卷三・史類第一・國朝史・典故：

　　《藩獻記》一冊。二卷。朱謀㙔輯。《天寶藏書》本。《徵信叢
錄》本。

此外，又於「卷一一・叢書・經史子雜」部分記載了《天寶藏書》7種，分別爲《周易象通》、《詩故》、《邃古記》、《藩獻記》、《古文奇字輯解》、《玄覽》、《駢雅》。

朱謀㙔，字鬱儀，諡貞靜先生，寧藩宗室、獻王朱權七世孫，封鎮國中尉。謀㙔自幼博覽群書，通曉典制，萬曆二十二年（1594）受薦掌石城王府事，並率宗室子弟研習經史，管理有道，於宗族之內甚有聲望。謀㙔善經史，尤長於易學、訓詁、考據，文名與西亭並稱。著述百餘種，選刻若干種付梓，稱《天寶藏書》，又稱《朱氏雜著》。

《增訂四庫簡明目錄標注》有「謀㙔著述合名《天寶藏書》。刊本」〔註43〕

〔註43〕（清）邵懿辰撰，（清）邵章續錄：《增訂四庫簡明目錄標注》，第 66 頁，上
　　海：上海古籍出版社，1959 年。

之言，表意較爲模糊，後有稱朱謀瑋「著述百有餘種，總名《天寶藏書》」〔註44〕者，或受其誤導。詳考《增訂四庫簡明目錄標注》，其於《駢雅》後明言「明刻《朱氏雜著六種》本，名《天寶藏書》」〔註45〕。葉德輝亦有「（《駢雅訓纂》十六卷）明朱謀瑋、魏茂林訓纂。……原書七卷，自刻《天寶藏書六種》本」〔註46〕之言，可相對證。

　　朱謀瑋著述多見載於各家著錄，而《天寶藏書》之名則少爲各家提及。據筆者考證，《易象通》與《天寶藏書》的關聯或僅見載於《澹生堂藏書目錄》。《朱氏詩故》爲《天寶藏書》之一的事實，於《澹生堂藏書目錄》之外，又見載於《增訂四庫簡明目錄標注》。其稱《詩故》，又稱《詩故訓》：

　　　　《詩故》十卷。明朱謀瑋撰。徐《目》作《詩故訓》十卷。有
　　刊本。謀瑋著述合名《天寶叢書》。刊本。〔註47〕

《駢雅》與《天寶藏書》的關聯見載於《增訂四庫簡明目錄標注》：

　　　　《駢雅》七卷。明朱謀瑋撰。《則古堂叢書》本。近魏茂林注本。
　　明刻《朱氏雜著六種》本，名《天寶藏書》。〔註48〕

又見載於《書目答問斠補》，稱《駢雅訓纂》：

　　　　《駢雅訓纂》十六卷。明朱謀瑋、魏茂林訓纂。通行大字、小
　　字兩本。借月山房本。原書七卷，自刻《天寶藏書六種》本。〔註49〕

另，《傳是樓書目》著錄《雜著》4 種，爲《玄覽》八、《駢雅》七、《古記》八、《藩獻》四，後稱朱謀瑋〔註50〕。《增訂叢書舉要》轉引了《傳是樓書目》的記載。

　　《澹生堂藏書目》的記載於《增訂四庫簡明目錄標注》、《書目答問斠補》等稱《朱氏雜著六種》、《天寶藏書六種》之外，又提供了朱謀瑋《天寶藏書》或爲 7 種的線索。而《江西地方文獻索引》下冊著錄有《豫章耆舊傳》一種，

〔註44〕《中國書畫全書》第四冊，第 492 頁，上海：上海書畫出版社，2000 年。
〔註45〕（清）邵懿辰撰，（清）邵章續錄：《增訂四庫簡明目錄標注》，第 161 頁，上海：上海古籍出版社，1959 年。
〔註46〕葉德輝：《書目答問斠補》，第 25 頁，蘇州：江蘇省立蘇州圖書館，1932 年。
〔註47〕（清）邵懿辰撰，（清）邵章續錄：《增訂四庫簡明目錄標注》，第 66 頁，上海：上海古籍出版社，1959 年。
〔註48〕（清）邵懿辰撰，（清）邵章續錄：《增訂四庫簡明目錄標注》，第 161 頁，上海：上海古籍出版社，1959 年。
〔註49〕葉德輝：《書目答問斠補》，第 25 頁，蘇州：江蘇省立蘇州圖書館，1932 年。
〔註50〕（清）徐乾學：《傳是樓書目》，清道光八年（1828）味經書屋抄本。

亦稱該書有《天寶藏書》刊本：

> 《豫章耆舊傳》三卷。明朱謀瑋撰。《明史》卷二十七《寧王權
> 傳》及《藝文志》、《新建縣志》卷九十四《藝文志新增書目》均著
> 錄。是書有謀瑋著述合名《天寶藏書》刊本。〔註51〕

若《豫章耆舊傳》確有《天寶藏書》刊本，則《天寶藏書》於《澹生堂藏書目》所稱7種之外，又有了第8種的線索。

　　各家著述之中，唯《澹生堂藏書目》記載了《天寶藏書》所用原本的確切卷冊數、書名等信息，且完整記載了《天寶藏書》的收書內容。《澹生堂藏書目》的這種做法保存了獨一無二的文獻信息，爲後世探究朱謀瑋著述情況提供了珍貴的文獻資料。

　　選刻《天寶藏書》外，朱謀瑋又撰有個人著述目錄，稱《天寶藏書目》。該目收錄謀瑋著述106種，《天寶藏書》所收各書皆在其列，惟書名稍有參差〔註52〕。清人周亮工對該目重加編次，稱《朱郁儀先生天寶藏書目錄》，與《楊升庵先生著書目》、焦竑所撰《楊升庵先生著書目序》、陸夢龍所撰《朱郁儀先生傳》合錄，稱《合刻楊朱兩先生著述目錄》，並做序記之。周少川《文獻傳承與史學研究》一文誤認《天寶藏書目錄》爲周亮工所撰，當爲誤判（按：參見周少川《文獻傳承與史學研究》第五十七頁《清代私藏書目知見表》）。周亮工合刻之本爲朱天曙收入新訂《周亮工全集》（按：第十八冊）之中，可資參考。

　　此外，《增訂四庫簡明目錄標注》著錄舊抄本《傳是樓書目》四卷，「附《楊升庵著書目》一卷、《天寶藏書目錄》一卷」〔註53〕。該本現藏臺灣傅斯年圖書館，爲清烏絲欄抄本二冊，前有汪琬序，後有清康熙四十四年（1705）徐釚跋，附錄內容除書目二種外，尚有陸夢龍所撰《朱郁儀先生傳》。

（三）《澹生堂藏書目》對互著、別裁法的運用

1.《澹生堂藏書目》對互著法的運用

史類第一・國朝史・匯錄（細目另分注各類下）

〔註51〕《江西地方文獻索引》下冊，第265頁，江西省社會科學院情報資料研究所編，1984年。

〔註52〕按：以周亮工編次本《天寶藏書目錄》爲例，稱《周易象通》、《詩故》、《駢雅》、《藩獻記》、《南昌耆舊記》等，參見朱天曙編校整理：《周亮工全集》18，南京：鳳凰出版社，2008年。

〔註53〕（清）邵懿辰撰，（清）邵章續錄：《增訂四庫簡明目錄標注》，第356頁，上海：上海古籍出版社，1959年。

　　　　《國朝典故》二十冊。一百卷。凡五十六種。
該書又見著於子類第三・小說家・說叢
　　　　《國朝典故》二十冊。一百卷。凡五十六種。
又見著於子類第十三・叢書・國朝史
　　　　《國朝典故》。

這種根據同一書自身的多種屬性將其在不同類目多次著錄的方式，便是祁承㸁所言之「互」，即「互著法」。在其之前，高儒的《百川書志》、晁瑮的《寶文堂書目》、趙用賢的《趙定宇書目》、王圻的《續文獻通考・經籍考》等諸家書目皆已嘗試運用了「互著」這一方法並取得了較好的成效（按：參見本文於各書目之內的相關論述）。祁承㸁不僅在書目中實踐互著法，更對其進行歸納提升，使互著法以目錄學理論的形式而爲後世認可。

　　值得注意的是，卷四「傳記類・風土」下有《嶺南諸夷志》與《粵西土司諸夷考》二書，其下皆稱「載通志內」。然查「通志」類無此二書，或爲著錄之誤。又清人謝啓昆修《廣西通志》內著錄此二書，稱「祁彪佳曰：載《通志》」〔註54〕，當是誤認爲《澹生堂藏書目》乃祁彪佳所撰。

　　2.《澹生堂藏書目》對別裁法的運用
　　《澹生堂藏書目》子部「小說家・說叢」著錄筆記小說叢書19種。其「《稗海大觀》正、續七十二冊」下稱「以下九種細目俱分注叢書並散見各目」。這九種分別爲《稗海大觀正續》、《古今說海》、《前四十家小說》、《廣四十家小說》、《後四十家小說》、《三十家小說》、《煙霞小說》、《名賢說海》、《說抄》。檢此九種，有八種著錄於子部「叢書・說匯雜集」類，《三十家小說》著錄於卷十一「續錄・叢書」中。

　　同樣，史部「國朝史・匯錄」著錄《國朝典故》、《皇明紀錄彙編》、《皇明徵信叢錄》、《國朝謨烈遺輯》、《今獻匯言》、《金聲玉振》、《名賢說海》7種叢書，只著錄各叢書及卷、冊、種數等，但於該類標題下著錄稱「細目另分注各類下」。檢該目子部「叢書・國朝史」類著錄的明代叢書8種中即有「匯錄」中的《國朝典故》、《今獻匯言》、《金聲玉振》、《國朝徵信叢錄》4種，且每種之下詳列細目，正與前言相合。

　　以子部「小說家・雜筆」中之《蘇談》、《綠雪亭雜言》、《聽雨》三種爲例：

〔註54〕（清）謝啓昆：《廣西通志》卷二百十《藝文略下一・傳記事記》，南寧：廣西人民出版社，1988年。

《蘇談》。一卷。楊循吉。《紀錄彙編》本。《名賢說海》本。《今獻匯言》本。《後四十家》本。

《綠雪亭雜言》。二卷。敖英。《名賢說海》本。《今獻匯言》本。

《聽雨紀談》。一卷。都穆。《百名家》本。《今獻匯言》本。《名賢說海》本。《後四十家小說》本。

此三種小說皆分屬於《名賢說海》、《今獻匯言》、《後四十家小說》各叢書之細目，故而分別著錄於各叢書細目之中；又因其本身具有的小說屬性，乃於此處又重新著錄，且於其後詳錄出處。

　　《澹生堂藏書目》於四部之內將單行本與合輯本分別著錄，既照顧了單本書籍的自身屬性，又照顧了合輯之書的整體存在性，類目清晰，方便檢索。這種靈活有效的著錄方式便是祁承㸁所言之「通」，即「別裁法」。《澹生堂藏書目》之外，《百川書志》、《徐氏家藏書目》等亦於編目中採用了「別裁」的著錄方法，本書將分別予以指出、論述。

五、祁承㸁的目錄學思想——兼議《澹生堂藏書訓約》與《曠亭集》

　　祁承㸁的目錄學思想主要有購書、鑒書、編目、評定版本與藏書管理方法五個方面。在這些領域中，祁承㸁皆提出了比較系統的理論和方法。《澹生堂藏書目》是祁承㸁目錄學思想的實踐成果，而《澹生堂藏書訓約》與《曠亭集》則集中了其系統的目錄學理論。本文以此 3 種為主要研究對象，結合祁氏其他著述中的相關內容，對祁承㸁的目錄學思想略作探究。

（一）《澹生堂藏書訓約》與《曠亭集》的版本及體例

　　《澹生堂藏書訓約》的版本較多，《曠亭集》2 種無單行本，一般作為附錄出現。

1. 明抄本。《澹生堂藏書目》不分卷，《藏書訓》一卷，《藏書約》一卷，存經、史、子、藏書訓、藏書約，清顧廣圻跋。上海。
2. 萬曆丙辰（1616）原刊本。《澹生堂藏書訓約》四卷，《曠亭集》二卷。國圖。

　　鄭振鐸《西諦書話》著錄「《澹生堂藏書訓約》。明祁承㸁著。不分卷一

冊。萬曆丙辰刊本」〔註55〕，記云：

> 《紹興先正遺書》本《澹生堂書目》首附《藏書約》、《庚申
> 整書小記》及《整書略例》；繆筱珊嘗刊祁氏之《藏書約》及《藏
> 書訓》、《讀書訓》。此書則爲萬曆原刊本，《讀書訓》、《約》及《整
> 書小記》等均備於一編。諸藏書家皆未著錄，誠秘笈也。首有郭
> 子章、周汝登、沈璠、李維楨、楊鶴、馬之駿、錢允治諸人題序，
> 亦他書所未見者。……蓋承爍不僅富於藏書，亦善於擇書、讀書
> 也。惟甘苦深知，乃不作一字虛語。余所見諸家書目序跋及讀書
> 題跋，惟此書及黃堯圃諸跋最親切動人，不作學究態，亦無商賈
> 氣。最富人性，最近人情，皆從至性中流露出來之至文也。繆刻
> 多錯字，《紹興先正》本亦多所刪削。稍暇，當以此本重印行世，
> 以貽諸好書者。〔註56〕

又記周高起《讀書志》云：

> 細閱《讀書志》，正似將祁承爍《讀書訓》擴大數倍之物。不分
> 卷，卻分「好、蓄、護、專、癖、慧、適、友、助、激、觀、遇、
> 閒」十三部。周氏編纂此書時，與《讀書訓》刊刻時間相差不過五
> 年，或是受祁氏影響而纂輯者。採摭頗富，而皆不注來歷。仍不免
> 明人纂書通病。但甚罕見，亦足爲好書者案頭常備之物。〔註57〕

3. 清光緒十八年（1892）會稽徐友蘭鑄學齋刻本，《紹興先正遺書》之一。
   第三集有《澹生堂藏書目》，其卷首《藏書約》之後，附有《庚申整書小
   記》及《庚申整書略例》二種，與宋史漫堂抄本同。十四卷。國圖，中
   科院，北大，上海，復旦，天津，遼寧，南京，湖北，四川。《宋元明清
   書目題跋叢刊》據以影印。

4. 清光緒二十二年（1896）繆荃孫刻本，一冊。《藕香零拾》之一。上海。

5. 清宋氏漫堂抄本，四冊，九行二十字白口，四周單邊。前有「雪苑宋氏
   蘭揮藏書記」印，後分《澹生堂藏書約》一卷，《庚申整書小記》一卷，

〔註55〕 鄭振鐸：《西諦書話》，第 264 頁，北京：生活·讀書·新知三聯書店，1983
年。

〔註56〕 鄭振鐸：《西諦書話》，第 264 頁，北京：生活·讀書·新知三聯書店，1983
年。

〔註57〕 鄭振鐸：《西諦書話》，第 265 頁，北京：生活·讀書·新知三聯書店，1983
年。

　　《庚申整書略例》一卷，《澹生堂藏書目》八卷。國圖。1995 年上海古籍
出版社據此本影印。

6. 清乾隆三十七年（1722）至道光三年（1823）長塘鮑氏刻彙印本，《知不
　 足齋叢書》之一。國圖，中科院，北大，遼寧，上海，復旦，天津，甘
　 肅，南京，湖北，四川。清光緒八年（1882）嶺南芸林仙館重印清鮑氏
　 刻本。

7. 民國間上海進步書局石印本，《筆記小說大觀》之一。國圖，北大，黑龍
　 江，上海，天津，南京，浙江，湖北，重慶，青海。

8. 常熟周氏郘公鍾室抄本，《澹生堂聚書訓序》一卷，《藏書訓略》一卷。
　 浙江。

9. 鐵如意館抄本，內有張宗祥跋。《澹生堂聚書訓序》一卷，《藏書訓略》
　 一卷。浙江。

10. 1999 年北京燕山出版社出版的《經籍會通（外四種）》中收錄有《澹生堂
　　藏書訓約》一種。其中包括了郭子章《祁爾光澹生堂藏書訓約序》及祁
　　承㸁所著《澹生堂藏書約》、《讀書訓》、《聚書訓》、《藏書訓略》，附錄《曠
　　亭集》，中包括祁承㸁《庚申整書小記》、《庚申整書例略》及繆荃孫《藕
　　香零拾本跋》三篇。該本乃是以國圖明刻本爲底本，參校《知不足齋叢
　　書》本、《藕香零拾》本、清宋氏漫堂抄本及《紹興先正遺書》本而成，
　　保留了郭子章《序》，且調整諸訓次序爲讀書、聚書、藏書，以便讀者循
　　序漸進。本文以該本爲對象進行探討。

　　《澹生堂藏書訓約》包括《澹生堂藏書約》、《讀書訓》、《聚書訓》、《藏
書訓略》四種。《澹生堂藏書約》爲祁承㸁於萬曆四十一年（1613）立於後人
的家藏書籍管理準則。《讀書訓》前有序，後舉前人愛書好學、博聞強識之典
故二十三則，藉以勉勵子孫戒頑劣、勤修讀。鄭振鐸稱「蓋承㸁不僅富於藏
書，亦善於擇書、讀書也。」〔註 58〕《聚書訓》前亦有序，後舉前人聚書又
好讀書足法者三十一則，藉以勉勵子孫藏書、愛書、重抄校、多讀寫。《藏書
訓略》又分《購書訓》、《鑒書訓》二則，是祁承㸁總結平生聚書、讀書、購
書的經驗之談。

　　《曠亭集》分《庚申整書小記》與《庚申整書略例》二種。前者記萬曆
四十八年（1620）率兒輩規整圖書、編定目錄事。後者分「因」、「益」、「通」、

〔註 58〕鄭振鐸：《劫中得書記》，第 82 頁，上海：上海古籍出版社，2006 年。

「互」四則，乃祁承爍書目分類思想的具體闡釋。

（二）祁承爍的購書、鑒書思想

鄭振鐸稱「承爍不僅富於藏書，亦善於擇書、讀書也」〔註59〕。祁承爍的鑒書、收書思想主要體現在其《藏書訓略》中的《購書》、《鑒書》二則之中。

黃裳《〈天一閣被劫書目〉前記》轉引祁承爍《與潘昭度》一文，談祁氏收藏旨趣曰：

> 所以每遇古人書，便須窮究其來歷。大約以《文獻通考》及《藝文志》所載者爲第一格；次之則前代名賢之著述；再次之則近代名賢之著述。然著述之中，以表章九經爲第一格；次之則記載前代治亂得失事；再次之則考證古今聞見所未及事。若只以詩文鳴於時，無論近時，雖前代亦不足甚珍。〔註60〕

由此言論可見，祁氏藏書，首先重視的是有來歷、見於著錄之古書，次之爲前代名賢的經部著作，次之爲古史，對明代時人詩文則看得十分輕了。其又曰：

> 蓋文集一事，若如今人所刻，即以大地爲書架，亦無可安頓處。惟聽宇宙之所自爲銷磨，則經幾百年而不銷磨者，自有一段精彩，不可埋沒者也。〔註61〕

黃裳認爲，祁氏此言既反映出了明人刻書之濫，亦反映出明代雕版事業興盛空前。但祁氏還是以傳統的政治和藝術標準來判斷文集的價值，「他沒有看到有許多政治、經濟、思想史的重要資料，卻正保存在浩如煙海而並不『精彩』的別集之中」〔註62〕。

1. 購書

郭子章《祁爾光澹生堂藏書訓約序》，闡述了祁承爍撰寫《澹生堂藏書約》的緣由乃爲積書以教子孫。祁氏購書不僅爲滿足自身的學術需求，更希望爲

〔註59〕 鄭振鐸：《劫中得書記》，第82頁，上海：上海古籍出版社，2006年。

〔註60〕 （明）祁承爍：《與潘昭度》，《天一閣藏書史志》，第89頁，上海：上海古籍出版社，2005年。

〔註61〕 （明）祁承爍：《與潘昭度》，《天一閣藏書史志》，第89頁，上海：上海古籍出版社，2005年。

〔註62〕 黃裳：《〈天一閣被劫書目〉前記》，《天一閣藏書史志》，第89頁，上海：上海古籍出版社，2005年。

子孫留下寶貴的精神財富。將家藏書籍留於子孫之外，祁承㸁又總結有購書方法若干則，著《購書》一篇以爲總結。

祁承㸁認爲購書有三大前提，「眼界欲寬，精神欲注，而心思欲巧」〔註63〕。

眼界開闊者，則必胸有丘壑。祁承㸁鼓勵爲學者不必局限於一家之言，於古今各家公私書目尤其應當善加利用，以爲參考，體現了其對書目功用的正確認識。此外，祁承㸁還指出藏書聚書亦是開闊眼界的一大途徑，若能如焦竑一般，家藏累楹且一一加以校讎探討，則尤以爲善，認爲博聞與藏書二者乃相互促進的關係。

精神欲注者，則需戒除頑逸之心，專意讀書，方可體會到書籍之妙。祁承㸁認爲如此行事，則「物聚於所好，奇書秘本多從精神注向者得之」，「蓋近朱近墨，強作解事，自是恆情。而古今絕世之技、專門之業，未有不由偏嗜而致者」〔註64〕。

在談到巧思求書的時候，祁承㸁於鄭樵「即類以求」、「旁類以求」、「因地以求」、「因家以求」、「求之公」、「求之私」、「因人以求」、「因代以求」的八法之外，又提出了自己的三項主張，即重視輯佚、利用旁出、分析序跋，三者觸類相長，在具體的購書過程中可靈活運用。

重視輯佚者，乃因「書有著於三代而亡於漢者，然漢人之引經多據之；書有著於漢而亡於唐者，然唐人之著述尚存之；書有著於唐而亡於宋者，然宋人之纂集多存之」，在閱讀過程中，「凡正文之所引用、注解之所證據，有涉前代之書而今失其傳者，即另從其書各爲錄出」〔註65〕，唐書漢簡，吉光片羽亦足珍重，窺一斑可得全豹耳。

利用旁出者，則「一書之中，自宜分析」〔註66〕，以《通典》、《水經注》等爲例，建議讀者可將一書之經與注、原書與補錄等析而讀之。如此一來，則一書可變多書、書中所蘊之多重精妙亦可明白兼得。

〔註63〕（明）祁承㸁：《藏書訓略・購書》，《經籍會通（外四種）》，第 76 頁，北京：
北京燕山出版社，1999 年。

〔註64〕（明）祁承㸁：《藏書訓略・購書》，《經籍會通（外四種）》，第 77 頁，北京：
北京燕山出版社，1999 年。

〔註65〕（明）祁承㸁：《藏書訓略・購書》，《經籍會通（外四種）》，第 78 頁，北京：
北京燕山出版社，1999 年。

〔註66〕（明）祁承㸁：《藏書訓略・購書》，《經籍會通（外四種）》，第 78 頁，北京：
北京燕山出版社，1999 年。

分析序跋者，「若昭代之所梓行，則必見於昭代之筆，其書即不能卒得，而其所序之文則往往載於各集者可按也。今以某集有序某某若干首，某書之序刻於何年，存於何地，採集諸公序刻之文而錄爲一《目》，自知某書可從某地求也，某書可向某氏索也。置其所已備，覓其所未有，則異本日集，重複無煩」〔註 67〕。祁承㸁認識到了序跋的作用之一是可藉以獲得書籍的刊刻年代、藏書之所等信息，可據以作爲購書憑據，按圖索驥。

祁承㸁的購書三法爲對鄭樵「求書八法」的進一步詮釋。在信息交流不甚便捷的時代，祁承㸁這種精益求精的求書方法可以說是極爲有效的。

值得注意的是，鄭樵「求書八法」乃求書於未得之法。祁承㸁則不僅強調求書於未得，更強調求書於已有，提倡通過增加閱讀的深度來充分挖掘已有書籍的學術價值。其所提出的博聞與藏書的辨證互得、認爲唯有專意讀書方可得書眞妙的學術理念與重視輯佚、重視注疏、重視殘章斷簡、重視序跋的求書方法，不僅拓寬了購求書籍的廣度，更是對書籍的價值、對藏書功用的深刻認識。祁承㸁的藏書活動是學問家的藏書，而非收藏家的藏書，這一事實由此可見一斑。

2. 鑒書

祁承㸁認爲書不可濫購，當集中有限財力，購求有用之書，故而購書必先鑒別。對於購得之書，則當精編細目以妥善保存。如此這般，方可使有價值的書籍得到充分而長久的利用。

《藏書訓略》之《鑒書》一則爲祁承㸁鑒書理念的體現。「夫藏書之要在識鑒，而識鑒所用者在審輕重、辨眞僞、核名實、權緩急而別品類，如此而已」〔註 68〕。

「審輕重」者，分「書之不相及」與「時之不相及」兩種情況。祁承㸁從士大夫讀書人的角度出發，認爲經書最爲緊要，正史次之，先秦諸子又次之，今人文集、類書、雜纂之流此消彼長，雜史、小說諸類更是繁蕪羅布，故皆不緊要。「得史十者不如得一遺經，得今集百者不如得一周秦以上子，得百千小說者不如得漢唐《實錄》一」〔註 69〕是也。「時之不相及」者，乃上古

〔註 67〕（明）祁承㸁：《藏書訓略・購書》，《經籍會通（外四種）》，第 78、79 頁，北京：北京燕山出版社，1999 年。

〔註 68〕（明）祁承㸁：《藏書訓略・鑒書》，《經籍會通（外四種）》，第 79 頁，北京：北京燕山出版社，1999 年。

〔註 69〕（明）祁承㸁：《藏書訓略・鑒書》，《經籍會通（外四種）》，第 79 頁，北京：北京燕山出版社，1999 年。

三代最重，時代愈近，價值相對愈低，亦是從得書之難易角度言之。

「辨眞僞」者，「經不易僞，史不可僞，集不必僞，而所僞者多在子，且非獨僞也」，「要而言之，四部自不能無僞」〔註70〕。引胡應麟《四部正訛》之言，列舉僞書之如此各種，再次強調僞書量多且難辨，且爲購書者提供了一定的僞書信息。僞書雖僞，然往往亦有一定的學術含量，甚至可以反映出時代、學風的流變。應在認識到僞書之僞的前提下充分利用僞書的學術價値。

「核名實」者可分爲五種，其一，同書異名者；其二，名亡而實存者；其三，得其一而概見其餘者；其四，得其所散見而即可湊合其全文者；其五，本爲一書，故析分其篇名以示博異者。所謂同書異名者，《南部煙花》即《大業拾遺》、《尙書談錄》即《尙書故實》之類也。名亡而實存者，乃一書之單行本不可見，見載於他書者。可通過輯佚之法析出，如從《太平廣記》中析出《鹿革事類》等等。得其一而概見其餘者，讀注疏可見漢人之釋經，閱《世說》可知晉人之談論者也。得其所散見而即可湊合其全文者，指可從大型類書中析出某些書籍、而所析之本相對於市面流通的單行本而言往往更好地保存了該書原貌的情況，如《北夢瑣言》、《酉陽雜俎》之流（按：《北夢瑣言》乃宋代孫光憲所著之筆記小說集。原帙三十卷，今本僅二十卷。《太平廣記》對此書多有摘錄，引文多達二百四十七條）。析其名以示其博者，即一書作者在引用別書部分篇次時，故意不採用所引之書名，而是爲引用篇次另擬一個奇特的名字，目的是爲了顯示自己的博洽。此五種情況，藏書家皆需加以鑒別，一一核實。

「權緩急」者，與「審輕重」相類，認爲經爲最尊，餘者三部，史可稱急。就史而言，則正史急於霸史、雜史。就正史而言，相對來說，唐以前之史優先於唐以後之史。然一史之中猶有若干部類，唐之志表、宋之持論，皆足稱道，堪稱爲急。又各史相校，互有所長，不可一概而論。惟「涉國朝典故者，不特小史宜收，即有街談巷議，亦當盡採」〔註71〕，體現出祁承㸁的治史思想。

「別品類」者，始於《七略》，後人仿之，歷代又各有增損。在此基礎上，

〔註70〕　（明）祁承㸁：《藏書訓略・鑒書》，《經籍會通（外四種）》，第79頁，北京：北京燕山出版社，1999年。

〔註71〕　（明）祁承㸁：《藏書訓略・鑒書》，《經籍會通（外四種）》，第82頁，北京：北京燕山出版社，1999年。

祁承爜提出了自己改進傳統目錄學分類的六條意見。其一，仍以六經爲群書之首，而在各類之前冠以「文由聖翰、事關昭代」之書，則「既不失四部之體，而亦足以表尊周之心」〔註72〕。其二，將理學單獨設類，置於經部。其三，認爲「一代之禮樂，猶一代之刑政」〔註73〕，當將禮樂從經部移出，從典故儀注之後，附於史部。其四，別「纂訓」爲一類，附於小學之後。其五，仿奏疏之例，將「書記」獨立設類，附於文集之後。其六，設「雜纂」類著錄筆記，與類書皆另附四部之後。

末有後序，指出「別品類」一事於史部文籍尤難處理。祁承爜引陸深《史通會要上・品流第三》所作史部分類爲例並加以分析，認爲史部各類書籍皆同時具有多重屬性，故而難以品流分類，認爲陸深所作分類足資參考。

（三）祁承爜的編目思想——主要以《庚申整書略例》爲例

祁承爜在《庚申整書略例》中提出了「因」、「益」、「通」、「互」四大原則。其中，「因」即繼承四部分類傳統、「益」即根據實際需要對書目的類目加以增補，此二字所體現的乃是其目錄分類思想；「互」即互著，「通」即別裁，此二字體現的乃是祁承爜對互著別裁法的發明實踐。

所謂「因」者，延續也，承繼也，因四部之定例也。書目以四部劃分，始於荀勗《中經新簿》之甲乙丙丁分類法，祁承爜以爲「類聚得體，多寡適均」〔註74〕，後世有變爲十三部、十二部等各種分類體制者，皆不如四部法之簡而盡，約且詳。然傳統四部分類亦有未備之處，故需加以增益。

「益」者，乃對四部固有類目設置未當者加以損益，有多重性質、難以歸類之書，則單設一類加以匯收。如《竹書紀年》之後有《荒史》、《邃古紀》、《考信》等編，《皇極經世》後有《稽古錄》、《大事記》、《世略治統》等書，既非正史，亦非稗史，固於記傳之外設「約史」類加以歸置。又於經解之後益「理學」類，於經總解下益「經筵」類，於子部益「叢書」類，於集部益「餘集」類。

「通」者，流通於四部之內也。以《史記》爲例，太史公之撰著、裴駰

〔註72〕　（明）祁承爜：《藏書訓略・鑒書》，《經籍會通（外四種）》，第83頁，北京：北京燕山出版社，1999年。

〔註73〕　（明）祁承爜：《藏書訓略・鑒書》，《經籍會通（外四種）》，第83頁，北京：北京燕山出版社，1999年。

〔註74〕　（明）祁承爜：《藏書訓略・庚申整書略例》，《經籍會通（外四種）》，第87頁，北京：北京燕山出版社，1999年。

之注、司馬貞之索引、張守節之正義，皆各爲一書，正史兼收，即「以今之簡可以通古之繁者」。又前代典故、起居注、儀注等數百種，至明代所餘寥寥，故而分附於各類，乃「因繁以攝簡者」。古人經解皆有別本，如《易童子問》、《卦名解》等，而今或僅存一種，乃「各摘其目，列之本類，使窮經者知所考求」，乃「因少以會多者也」。又有雜史而歸於奏議集、記傳而收於語錄、史書納入全集等事，故而皆需分而載之，注明原在某集之內，以便檢閱收藏。這種目錄著錄原則，即是後世所言「別裁」之法。

「互」者，互見於四部之中也。有一書兼具多重屬性者，如《皇明詔制》，既爲制書、亦是國史，又乃詔制；《五倫全書》，既爲敕纂，又歸制書，且爲纂訓，諸如此類甚多。故而需將該書於所屬各類之下依次著錄，方爲全善，此即後世所謂「互著」之法。本文已於第三章第二節《澹生堂藏書目》部分對祁氏互著、別裁法的運用進行了探討，可與此處互見參考。

（四）祁承㸁的版本學思想

祁承㸁藏書不以宋元本爲貴，而以書籍內容作爲判斷其重要與否的標準。「若只以詩文鳴於時，無論近時，雖前代亦不足甚珍」〔註75〕。這一思想同樣體現在祁抄本的底本選擇之中。

祁承㸁重視手抄本。其在河南爲官十多年，抄書兩千餘冊。祁氏澹生堂的抄本自成一家，是爲明抄珍品。澹生堂抄書用紙皆爲定製。多爲白棉紙、藍格，版心有「澹生堂抄本」字樣，極爲講究。

祁抄本爲後世珍重的原因，不僅在於其用紙精良、抄錄工整，且在於其對抄錄書籍內容的慧眼獨具方面。祁承㸁所編《國朝徵信叢錄》就有手抄數百卷。成書於北宋的珍本《會稽掇英總集》就是賴澹生堂抄本收錄到《四庫全書》中才得以保全至今。對抄書底本的精確選擇，體現出祁承㸁對書籍內容的深刻認識，也體現出其敏銳的學術直覺。

此外，《澹生堂藏書目》中亦有多處著錄抄本。如「經類・易・詳說」內著錄有「《周易玩辭》四冊。十六卷。項安世抄本」。項抄爲宋名家抄本。祁承㸁不僅收藏了該書，且於書目中特別注明其版本，體現出對項抄此書學術價值的認識。

〔註75〕　（明）祁承㸁：《與潘昭度》，《天一閣藏書史志》，第 89 頁，上海：上海古籍出版社，2005 年。

（五）祁承㸁的圖書管理辦法

中國古代藏書管理思想主要可分爲兩大流派，一爲樂於借閱，二爲嚴謹流通。任繼愈《中國藏書樓》依據藏書態度的不同，將中國古代藏書家分爲「樂借」與「吝借」兩種類型〔註76〕，稱引材料極爲豐富，可資參考。

由古至今，絕大多藏書家皆有自己的一套藏書理念，從各個方面對圖書的保管及流通作有嚴格的規定。

其中有達觀之士，藏書、爲學只憑自己喜好，不吝書籍外借，不求子孫永寶，如陳第「吾買書蓋以自娛，子孫之讀不讀，聽其自然。至於守與不守，亦數有必至」者。有希冀所藏書籍盡可能地保存於家者，如唐人杜暹「鬻及借人爲不孝」。有強調珍重利用書籍者，如明人葉盛《書櫥銘》「讀必謹，鎖必牢，收必審，閣必高。子孫子，惟學教，借非其人亦不孝」。明代於藏書管理方面最爲嚴格者當屬范欽。范欽不僅修築了極爲專業的藏書樓天一閣，亦有「書不借人，書不出閣」、「擅將書借出者，罰不與祭三年」等嚴苛的家訓，故而天一閣藏書大多流傳至今，然民國之前罕有學者可睹其藏書眞貌，於藏書的利用方面難稱楷模。

《澹生堂藏書約》乃祁承㸁借萬曆四十一年（1613）率兒輩規整圖書、編定目錄之機立於後人之家藏書籍管理準則。祁氏概述了自己一生愛書、聚書之經歷，稱黃庭堅「胸中久不用古今澆灌，便塵俗生其間，照鏡則面目可憎，對人則語言無味」之言以自詡。祁承㸁認爲雖然書籍聚散自有恆理，然一生聚書，多有不易，斷不可任其流散而不加保護。其約稱：

> 及吾之身則月益之，及爾輩之身則歲益之；子孫能讀者則一人
> 盡居之，不能讀者則以眾人遞守之；入架者不復出，蠹齧者必速補；
> 子孫取讀者，就堂檢閱，閱竟即入架，不得入私室；親友借觀者，
> 有副本則以應，無副本則以辭，正本不得出密園外；書目視所益多
> 寡，大較近以五年，遠以十年一編次；勿分析，勿覆瓿，勿歸商賈
> 手，如此而已。〔註77〕

並借黃庭堅語以示其期盼子孫讀書的殷殷之意：「四民皆當世業，士大夫家子弟能知忠信孝友斯可矣，然不可令讀書種子斷絕，有才氣者出便名世

〔註76〕 任繼愈主編：《中國藏書樓》上編《藏書論》，瀋陽：遼寧人民出版社，2001年。

〔註77〕 （明）祁承㸁：《澹生堂藏書約》，《經籍會通（外四種）》，第 66 頁，北京：北京燕山出版社，1999 年。

矣。」〔註 78〕

　　《庚申整書小記》乃萬曆四十八年（1620）祁承㸁攜子整理藏書、重編家藏書目時所作小記，稱書籍為「吾家墨兵」，以插架分部、歸類部統等事比擬行軍布兵，談笑間重申了聚書編目、藏書管理之相關事宜。

　　祁承㸁不僅自己對書籍勤於搜集、嚴加管理，且要求子子孫孫世代傚仿。與陳第、李如一等人的開放式藏書思想相比，祁承㸁的圖書管理方法顯然更為嚴格審慎，亦更為保守，寄託了其對書籍的珍視、對子孫以詩書傳家的希冀。

第三節　陳第《世善堂書目》

一、《世善堂書目》的作者與成書

　　明代身為武弁而富於藏書者，唯連江陳第與涿州高儒二人。

　　陳第，字季立，號一齋，福建連江人。初為諸生，萬曆初守古北口，官至薊鎮游擊將軍，十年致仕。陳第善詩、音韻之學，又好藏書，藏書之所名「世善堂」，積書一萬九千餘卷〔註 79〕。著有《毛詩古音考》、《東番記》、《世善堂書目》、《一齋集》等。《連江縣志》載其故居：

　　　　名儒陳第誠西草堂，在龍西鋪化龍橋邊。世善堂為陳藏書處。

　　　　倦遊廬在西門外，為陳晚年著書處。墓在二十八都官嶺山。〔註 80〕

《八千卷樓書目》載：

　　　　《世善堂藏書目錄》二卷。明陳第撰。知不足齋本。〔註 81〕

陳第藏書的來源主要有三，其一為其繼承的家族藏書，「幸承世業，頗有遺本」；其二為其四處採購所得，「自少至老，足跡遍天下，過書輒買，若惟恐失，故不擇善本，亦不爭價值」；其三為其在焦竑、沈世莊及其他藏書家家中抄錄所得，「在金陵焦太史、宣州沈刺史家得未曾見書，抄而讀之」。如此以往，「積三、四十餘年，遂至萬有餘卷」。陳第藏書「蓋以自娛」，「以資聞見、備採擇」〔註 82〕，具有很強的實用性。萬曆四十四年（1616），76 歲高齡的陳

〔註 78〕　（明）祁承㸁：《澹生堂藏書約》，《經籍會通（外四種）》，第 67 頁，北京：北京燕山出版社，1999 年。

〔註 79〕　按：筆者據鮑氏刻本統計，《世善堂書目》著錄書籍總 1974 種。

〔註 80〕　（民國）《連江縣志》卷二十六《明儒林》，臺北：成文出版社，1967 年。

〔註 81〕　（清）丁立中：《八千卷樓書目》卷九，北京：國家圖書館出版社，2009 年。

〔註 82〕　按：此段引文皆出自陳第所撰《世善堂藏書目錄題詞》，《藏書紀事詩·附補正》，第 281 頁，上海古籍出版社，1989 年。

第閒居西郊，與兒孫將書籍晾曬翻檢，借機「粗爲位置，以類相從，因成目錄，得便查檢」〔註83〕。可見《世善堂藏書目錄》是以方便查閱爲首要目的而編纂的書目，工具性是其基本特徵。

二、關於《世善堂書目》是否是僞書的爭論

李丹《一部僞中之僞的明代私家書目——董其昌《玄賞齋書目》辨僞探》一文稱《世善堂書目》爲一部眞僞摻雜的目錄。王重民先生稱「《世善堂書目》中有些稀世珍本，爲陳第時早已佚失者，其後人抄自前代書目以讒入」〔註84〕，認爲所謂「斷種秘冊」〔註85〕者乃陳元鍾所訛補，大部分抄自《文獻通考·經籍考》，目的在於爲其祖炫博。莊琳芳《陳第及其世善堂藏書》一文認同王重民先生的判斷，並將《世善堂藏書目錄》與《文獻通考·經籍考》相校，發現新證三點。其一，二書中有大量條目相同：「朱彝尊在《經義考》種所指出的 51 種『未見』條目，見於《文獻通考·經籍考》著錄的有 14 種；而趙昱在家藏本《世善堂藏書目錄》中圈出的 299 種『斷種秘冊』，見於《文獻通考·經籍考》著錄的多達 164 種；其他專題書目和論文所云最後見於《世善堂藏書目錄》著錄之書，大多亦見於《文獻通考·經籍考》」。其二，二書中部分注解相同，約 14 條。其三，與《文獻通考·經籍考》相比，《世善堂藏書目錄》中存在一些面目可疑的篡改痕跡。其中，有捏合《經籍考》相鄰二書爲一書者 3 處，又有 13 處乃陳元鍾將清抄本寄於林佶之後，又於家藏底本上所作的修改，目的是爲了掩蓋其抄襲《文獻通考·經籍考》的事實〔註86〕。

顧頡剛先生稱引石聲漢先生語，認爲《世善堂藏書目錄》中所記載的這些無可考證的珍本秘籍乃是「錄以備採訪者」〔註87〕，又稱其爲「計劃性書目」〔註88〕。詳可見《顧頡剛書話》，今不備錄。

〔註83〕（明）陳第：《世善堂藏書目錄題詞》，《藏書紀事詩·附補正》，第 281 頁，上海古籍出版社，1989 年。

〔註84〕張雷、李艷秋：《明代私家藏書目錄考略》，《書目季刊》1999 年第 1 期，第 40 頁。

〔註85〕鮑廷博：《世善堂藏書目錄跋》，《知不足齋叢書》第十九集《世善堂藏書目》後。

〔註86〕莊琳芳：《陳第及其世善堂藏書》，福建師範大學，2008 年，碩士。

〔註87〕顧頡剛著，印永清輯，魏得良校：《顧頡剛書話》，第 106 頁，杭州：浙江人民出版社，1998 年。

〔註88〕顧頡剛著，印永清輯，魏得良校：《顧頡剛書話》，第 246 頁。

陳第於《世善堂書目題詞》中稱其藏書僅有萬餘卷，而今據李斑所做不完全統計，今本目錄中僅標注卷數的書籍已達三萬二千餘卷〔註89〕。查《知不足齋叢書》本《世善堂書目》，中多有稱「曾祖」、「先祖」、「先父」、「一齋公」、「問心公」者：

經類「周易」類：

《伏羲圖贊》二卷。一齋公。

《易用》六卷。先祖心一公。

《易用補遺》二卷。先父問心公。

「尚書」類：

《尚書疏衍》四卷。曾祖一齋公。

諸子百家類「各家傳世名書」類：

《屈宋古音義》四卷。一齋公。

史類「訓誡書」類：

《東番記》一卷。一齋公。

各家六類「兵家書」類：

《蘇門兵事》。一齋公。

一心公爲陳第子陳祖念（號一心），問心公乃陳第孫陳肇復（字問心）。由此可知以上諸條皆爲陳第曾孫陳元鍾所補注。

周中孚《鄭堂讀書記》稱：

名《一齋書目》者是原目，名《世善堂書目》者爲經其後人續增者。〔註90〕

三、《世善堂書目》的版本

（一）清抄本，鮑廷博批校，一卷，一冊，十行無格。該本爲陳氏家藏本，前有「南通馮氏景岫樓藏書」印。國圖。清乾隆六十年（1795）鮑廷博據家藏本刻，二卷，《知不足齋叢書》之一。《叢書集成初編》、《宋元明清書目題跋叢刊》據以影印。該本後有鮑氏《世善堂藏書目錄跋》：

右《世善堂書目》，明萬曆間，連江陳第手自編定，而其子若孫

〔註89〕李斑：《陳第和〈世善堂藏書目錄〉》，《連江文史資料》第9、10輯，1992年。

〔註90〕張雷、李豔秋：《明代私家藏書目錄考略》，《書目季刊》1999年第1期，第40頁。

時時增益其間者也。……乾隆初年，錢塘趙谷林先生昱，齋多金往
購，則已散佚無遺矣。目錄一冊，即其家元本，予從趙氏勻得之。
內經谷林先生圈出所稱「斷種秘冊」者，約三百餘種。予按其目求
之，積四十年，一無所得，則當時散落，誠可惜也。……〔註91〕

趙昱持金往購陳氏藏書未果，僅得目錄一冊，鮑氏稱之爲陳家元本，實爲經
過陳元鍾增補過的陳氏家藏本。鮑氏將此本收入《知不足齋叢書》中，陳氏
書目方得流傳天下。

（二）清抄本，二卷，一冊，十一行無格。國圖。該本前有陳第《志》，
又有林佶《世善堂藏書目錄跋》：

此吾鄉連江陳一齋先生藏書目也。……乙亥冬，道鼇江，聞先
生曾孫孝受翁年七十矣，能讀祖父書，欲從訪其書目，未得見。丙
子二月，孝受寄此冊來，雲吾未有子，此書目亦將無所託矣，姑留
子案頭可也，予竊哀其言。逾年，孝受翁竟歿。予翻此冊，竊歎前
輩藏書之難，而守之尤不易，蓋有關於天道世數之盛衰，匪一家之
故也。……〔註92〕

林佶，字鹿原，福建閩縣人，康熙五十一年（1712）進士。喜藏書，善收書，
徐燉藏書後多爲其購得〔註93〕。由以上跋語可知，林佶收到陳元鍾所寄書目，
當在清康熙三十五年丙子（1696），次年陳元鍾歿，再越年，即清康熙三十七
年（1698），朱彝尊二次入閩，林佶兄林侗即持陳元鍾所贈林佶之本求售，故
而朱彝尊所見、《經義考》所稱《一齋書目》者即爲此本，乃陳元鍾增補之後
抄錄而成的《世善堂書目》。

（三）民國二十五年（1936）常熟瞿氏鐵琴銅劍樓抄本，二卷，一冊。
北大。

四、《世善堂書目》的編纂體例

本文以鮑氏刻本《世善堂藏書目錄》爲對象進行探討。該本前有陳第自
撰《世善堂藏書目錄題詞》，敘述編目經過。次爲總目及鮑氏《世善堂藏書目

〔註91〕（清）鮑廷博：《世善堂藏書目錄跋》，《世善堂藏書目錄》卷末，《知不足齋
叢書》本。

〔註92〕（清）林佶：《世善堂藏書目錄跋》，《世善堂書目》，國圖藏清抄本。

〔註93〕按：參見本文《徐氏家藏書目》一節。

錄跋》。正文共二卷，採用六分法。卷上分「經類」、「四書類」、「諸子百家類」、「史類」四類，卷下分「集類」、「各家六」二類。各類下又再分小類，總 63 小類，載錄書籍 1898 種〔註94〕。該目著錄書名、卷數，偶及作者姓名、字號、籍貫、年代、社會關係，書籍的版本、內容結構、修補情況、附錄等相關信息，偶置點評。如「《周易解》五卷。邵古，字天叟，雍之父」，「《易傳發微》。抄本。宋連江陳德一」等，不作解題。

《世善堂藏書目錄》的具體類目設置與著錄數量詳見下表：

部　　類	二級類目	三級類目	總　　計
經類	周易 46		12 類 201 種
	尚書 24		
	毛詩 21		
	春秋 36		
	禮記 18		
	二戴 3		
	周禮 10		
	儀禮 6		
	禮樂各著 8		
	孝經 13		
	諸經 10		
	爾雅 6		
四書類	大學 13		5 類 52 種
	中庸 11		
	論語 8		
	孟子 6		
	四書總編 14		

〔註94〕按：《世善堂藏書目錄》前有總目，所載類名與正文類名多有字眼不同，如總目分「一經部」、「二四書部」、「三子部」、「四史部」、「五集部」、「六各家部」，正文則爲「經類」、「四書類」、「諸子百家類」、「史類」、「集類」、「各家六」；又總目作「諸經總解」、「學堂鑒選」、「歷代典制」、「稗史野史雜記」、「方州各志」、「類編」、「明諸名賢集」、「兵家書」，正文作「諸經」、「鑒選」、「典制」、「稗史野史並雜記」、「各州方志」、「類編（兼入人文事物）」、「皇明諸名賢集」、「兵家書（内多儒者之言亦有可採者）」，略有不同，但表意相當。這點與高儒《百川書志》情況類似，亦爲明人編目不甚嚴謹的表現。本文的謄錄以《世善堂藏書目錄》正文爲據。

部　類	二級類目	三級類目	總　計
諸子百家類	諸子 80		3 類 171 種
	輔道諸儒書 31		
	各家傳世名書 60		
史類	正史 25		18 類 639 種
	編年 25		
	鑒選 2		
	明朝紀載 26		
	稗史野史雜記 106		
	語怪各書 17		
	實錄 11		
	偏據偽史 43		
史類	史論 24		
	訓誡書 17		
	四譯載記 55		
	方州各志 105		
	典制 48		
	律例 20		
	詔令 8		
	奏議 28		
	譜系 36		
	類編（兼入人文事物）43		
集類	帝王文集 8		12 類 500 種
	歷代大臣將相文集 63		
	兩漢晉魏六朝諸賢集 27		
	唐諸名賢集（南唐附）102		
	宋元諸名賢集 71		
	皇明諸名賢集 88		
	緇流集 7		

部　　類	二級類目	三級類目	總　　計
	閨閣集 6		
	詞曲 14		
	諸家詩文名選 45		
	金石法帖 54		
	字學 15		
各家六	農圃 43		13 類 411 種
	天文 14		
	時令 5		
各家六	曆家 12		
	五行 21		
	卜筮 20		
	堪輿 15		
	形相風鑒 13		
	兵家書（內多儒者之言亦有可採者）47		
	醫家 87	傷寒科 18	
		針灸 5	
		救產 2	
		婦人 1	
		小兒 7	
		外科 6	
		脈訣 3	
		本草 9	
		藥方 13	
		（未歸類者）23	
	神仙道家 45		
	釋典 35		
	雜藝 60		
六部	63 類 1980 種〔註95〕		總　　計

〔註95〕按：《世善堂藏書目錄》前有總目，所載類名與正文類名多有字眼不同，如總目分「一經部」、「二四書部」、「三子部」、「四史部」、「五集部」、「六各家部」，

五、《世善堂書目》的特點與價值

（一）分類方面

1.《世善堂書目》於類目設置中多有創新

《世善堂藏書目錄》於「禮記」類的《禮記講義》之下稱「以下舉業」（按：包括《禮記講義》、《禮記要旨》、《禮記眞達》、《禮記提綱》四種），在「四書總編」下稱「可舉業用」，顯示出陳第藏書編目的實用性思想，也是明代舉業書纂刻風氣於書目中的直接體現。

《世善堂藏書目錄》於史部設「四譯載記」類，著錄邊疆、鄰國風物及外語、翻譯類著作 55 種，「範圍與《四庫全書總目》地理類外紀之屬基本相同」〔註 96〕。該類之中多爲明人記錄出使、遊歷邊疆或他國之事。唯有《職方外紀》1 種，稱「西洋艾儒略」撰，則是爲對外國人著作的收錄。

永樂五年（1407），明成祖設四夷館，「選國子監生習譯」〔註 97〕。其時四夷館隸屬翰林院，位於長安門右門之外，分韃靼（蒙古）、女眞、西番（西藏）、西天（印度）、回回、百夷（傣族）、高昌（維族）、緬甸 8 館，各「置譯字生、通事，通譯語言文字」〔註 98〕。此後，中國乃有了專門的專職翻譯機構。《歷代職官表》稱「前代賓館、典客諸令丞，皆以接待人使爲重。而譯官之職，則自西漢以後，概未之見。至明始重其事」〔註 99〕。

萬曆時，呂維祺有《四夷館增訂館則》二十卷。愼懋賞又有《四夷廣記》，記載明代四周琉球、韃靼、女眞等鄰國的風土人情。其書名「四夷」者當由「四夷館」而來，則萬曆間四夷館之名仍存。清初，四夷館更名爲「四譯館」，與專

正文則爲「經類」、「四書類」、「諸子百家類」、「史類」、「集類」、「各家六」；又總目作「諸經總解」、「學堂鑒選」、「歷代典制」、「稗史野史雜記」、「方州各志」、「類編」、「明諸名賢集」、「兵家書」，正文作「諸經」、「鑒選」、「典制」、「稗史野史並雜記」、「各州方志」、「類編（兼入人文事物）」、「皇明諸名賢集」、「兵家書（内多儒者之言亦有可採者）」，略有不同，但表意相當。這點與高儒《百川書志》情況類似，亦爲明人編目不甚嚴謹的表現。本文的謄錄以《世善堂藏書目錄》正文爲據。

〔註 96〕 李琰：《陳第和世善堂藏書目錄》。《連江文史資料》第 9、10 輯，1992 年。
〔註 97〕 （清）張廷玉：《明史》卷五○《職官三》，北京：中華書局，1974 年。
〔註 98〕 （清）張廷玉：《明史》卷七四《職官三》，北京：中華書局，1974 年。
〔註 99〕 （清）永瑢：《歷代職官表》卷十一，北京：商務印書館，1985 年。李雲泉《萬邦來朝：朝貢制度史論》第 97 頁亦引此處。李雲泉此書對四夷館的變遷作有較爲詳細的考證，引證材料豐富，可供參考。

職接待少數民族官員及外國使臣的「會同館」合併，稱「會同四譯館」，同時負責接待、翻譯兩項外交事務。會同四譯館於光緒二十五年（1899）廢止。

由「四夷」改稱「四譯」的做法，具有鮮明的改朝易代的特徵。清人以少數民族身份入主中原，對華夷之辨異常敏感，文字獄陸續爆發。我們有理由推斷，《世善堂書目》原本所設當爲「四夷載記」類。其現稱「四譯」者，乃陳第後人於入清後隨著政治風氣而做出的調整。這或可作爲陳第後人增補《世善堂書目》的證據之一。

《世善堂書目》於史部又設「偏據僞史」類，著錄43種。此類所稱「僞史」者非爲「僞書」，當做「野史」、「小史」、「旁史」對待，與「偏據」意同。《世善堂藏書目錄》前已有「稗史、野史、雜記」類，收錄之書多爲《水東日記》、《高士傳》、《說苑》、《幽閒鼓吹》等筆記小說。而此類所載則爲《陰山雜錄》、《蒙古備錄》、《閩中實錄》、《湖南故事》、《吳越遺事》等「偏據地」之史，似正史而非者。稱其爲「偏據僞史」者，體現出陳第對中央集權的高度維護。

《世善堂藏書目錄》於「史類」又設「類編（兼入人文事物）」一類，著錄43種，其中多爲類書。這種做法當是取類書爲「類事之書」的古意。由該部分著錄書籍的內容來看（按：如《太平御覽》、《太平廣記》、《事類賦》、《初學記》等），這種做法雖不精確，但似無不可。

《世善堂藏書目錄》又於史部設「明朝紀載」一類，著錄《吾學編》、《憲章錄》、《皇明實紀》等明代載紀性史書，爲強調明代典制之意。其將「四書類」脫離出經部而單設爲一級類目，則強調了《四書》在明代學術界的地位。此二類是對《文淵閣書目》「國朝」、「四書」二類的繼承。

再者，《世善堂藏書目錄》對4種「僞書」作了著錄，稱「《連山》十卷。隋劉炫僞撰」，「《卜氏易》十卷。卜子夏后人僞作」，「《艾子》三卷。蘇長公託名」，「《前蜀記》二卷。僞蜀毛文錫」。《世善堂書目》著錄僞書，是對這些書籍學術價值的認可。而指出書籍造僞方式的做法，則體現出了陳第的辨僞意識與較高的學術水準。

明初的《文淵閣書目》於「詩詞」類著錄有《王道士江海吟稿》、《唐高僧詩》等釋道詩詞著作14種，而將二家經書單設「道書」、「佛書」2類著錄。《世善堂藏書目錄》對《文淵閣書目》的這一做法做了改進。其於集部設「緇流集」類，著錄僧人詩文集 7 種；又於「各家六」之下設「神仙道家」、「釋

典」二類，著錄道經 45 種、佛經 35 種。將僧人詩文集與宗教經典分別著錄的做法，體現出書目編纂者對著作本身學術屬性的重視，凸顯了書目的學術價值。而《世善堂書目》將僧人詩文集於集部又單獨設類，較之《文淵閣書目》則更便於查檢歸類，是書目編纂體例上的進步。

此外，《世善堂藏書目錄》於集部又設「閨閣集」，著錄婦女著作 6 種。著錄婦女著作並將其單獨歸類者，另有《萬卷堂書目》的「女史」類。這種做法在傳統的書目編製中是很難得見的，體現出編目人開放兼容的學術思想。

2.《世善堂書目》採用了多種分類依據

在設類依據的運用方面，《世善堂藏書目錄》屬於將多種分類依據並用之例。如其「集類」下屬的 12 目中，「帝王文集」、「歷代大臣將相文集」、「緇流集」、「閨閣集」屬於依照身份設類，「兩漢晉魏六朝諸賢集」、「唐諸名賢集」、「宋元諸名賢集」、「皇明諸名賢集」屬於依照年代設類，「詞曲」、「諸家詩文名選」、「金石法帖」、「字學」又是依照著作體裁設類。設類原則不一，導致各類目內容互有交叉（按：如李易安《漱玉集詞》入「詞曲」、《打馬賦》入「雜藝」，《名媛詩歸》入「諸家詩文名選」，皆不入「閨閣」），歸類不甚明晰合理。

（二）著錄方面

在書目的編纂過程中，往往出現同一作者的作品在同一類目之中連續出現的情況。對於這種情況，《世善堂藏書目錄》往往採用合併著錄作者的方式進行著錄，從而避免行文的重複累贅。如「《春秋世譜》一卷。……《左國考異》三卷。俱廣德沈虛中」。

又有著錄序跋作者、書籍的翻譯者、校訂人等，如「《校正大戴記》三十四篇。吳澂序」，「《戰國策》十卷。鮑彪校定」，「《西域記》十二卷。僧元奘譯」，「《道德經》二本。即《換鵝帖》，褚遂良跋」等。序跋等內容的著錄可從側面提供書籍的年代、版本信息。

又有著錄同書異名者，如「《晏子》六卷。又云《晏子春秋》」，「《虞子》十五卷。即《虞氏春秋》」，「《呂子》二十六卷。即《呂氏春秋》」等。這種情況亦是對書名進行了進一步的解釋，以免混淆他書。

《世善堂藏書目錄》雖無解題，但往往以寥寥幾字將書籍的內容交代清楚，簡明扼要。如「《禹貢論圖》四卷。程大昌。《論》六十篇，《圖》三十一篇」；「《董子》一卷。周董無心作，以難墨子者」；「《平吳志》二卷。記孫皓事」；「《忠義錄》二卷。皆至正兵興，死事諸臣」等。

　　《世善堂藏書目錄》著錄有抄本、刻本若干種，數量不多，或於版本不甚用力。而作爲一部以「得便查檢」〔註100〕爲主要目的的藏書目錄，《世善堂藏書目錄》於書目中著錄了書籍的全缺情況。有大部頭類書而未收集全套者皆如數著錄，如「《太平御覽》六十卷。李昉等。原書一千卷」；「《太平廣記》九十卷。李昉等。原書五百卷」；「《冊府元龜》。王欽若等。原書一千卷」等。以上三種皆爲大型類書，陳第所收應爲不全之本，故標注之。然亦可能爲其後人清理時登錄，今不可考。又有其他情況如「《李筠溪集》二十四卷。今抄三卷」者，則是抄藏之時即非全錄者。又有「《三十二家相書》三卷。許負以下」；「《七書合注》十卷。魏武以下」者，亦爲不全之本。

　　又有「闕」書一種：「《余青陽集》。闕。洪武中刊行」。由邏輯上推論，書目中標注的「闕」字當爲後人在清查書目的時候補入者，《文淵閣書目》便是一例（按：若編目時書即無存，則無登錄的必要）。《世善堂藏書目錄》中存在的「闕」字一例，可證明其是經過後人整理的書目。

　　《世善堂書目》乃陳第於晚年自編的家藏書目，後多經子孫遞修，又有妄補之處，故而該目的史料價值存有商榷之處。陳第出身武弁，屢建軍功，而又勤於藏書、著述，於學問上亦有所長，是明代歷史上值得推贊的人物之一。陳第一生成就顯赫，而尤爲難得之處在於其豁達的藏書觀。陳第有言：「吾買書蓋以自娛，子孫之讀不讀，聽其自然。至於守與不守，亦數有必至，吾雖不聽之，其可得耶？」〔註101〕陳第認爲購書、藏書皆爲自己一人之興，無需亦無可強加於子孫。這種開通的藏書思想實在難能可貴，堪稱藏家楷模。

第四節　徐𤊹《徐氏家藏書目》——兼議紅雨樓題跋三種

一、《徐氏家藏書目》的作者徐𤊹

　　《徐氏家藏書目》又名《紅雨樓書目》、《徐氏紅雨樓書目》等，爲徐氏舊藏書目，著錄了徐𤊹父徐㭿、兄徐熥及其本人的藏書。

〔註100〕　（明）陳第：《世善堂藏書目錄題詞》，《藏書紀事詩‧附補正》，第281頁，
　　　　　　上海：上海古籍出版社，1989年。
〔註101〕　（明）陳第：《世善堂藏書目錄題詞》，《藏書紀事詩‧附補正》，第281頁，
　　　　　　上海：上海古籍出版社，1989年。

　　徐棉，字子瞻，號相坡居士，嘉靖四十四年（1565）貢生，曾任南安訓導，官至永寧縣令，著有《徐令集》。

　　徐熥，字惟和，別字調侯，萬曆十六年（1588）舉人，以詞采著，曾輯明洪武至萬曆間閩人詩爲《晉安風雅》，有《幔亭集》。張獻翼序稱徐熥「抵掌而談秦漢，奮力以挽風騷，非晉魏之音絕口不談，非六籍之書屏目不視，蓋病乎世之決裂以爲體、餖飣以爲詞，故音非朱弦、詞非黃絹，寧棄去不屑就也……詩歌本之古選，興寄備乎開元，彬彬然名家矣」〔註102〕，朱彝尊《靜志居詩話》亦贊其：「力以唐人爲圭臬，七絕原本王江寧，聲諧調暢，情志之語，誦之盪氣迴腸。」〔註103〕

　　徐𤊪，字惟起，號興公，別號三山老叟（見《鏡湖清唱跋》）、天竺山人（見《南海普陀山募珠燈疏》）、竹窗病叟（見《京氏易傳跋》）、筆耕惰農（見《丁鶴年詩跋》）、筠雪道人（見《戴九靈集跋》）、綠玉齋主人（見《題綠玉齋》）、讀易園主人（見《胡雙湖易翼跋》）、鼇峰居士（見《聽竹軒卷跋》）等，藏書之所有紅雨樓、綠玉齋、宛羽樓、竹汗巢等名。徐𤊪交遊廣泛，與曹學佺、謝肇淛等人相善，領袖閩中詩壇。劉喜海撰有《徐𤊪小傳》，兼記徐氏父子生平：

> 　　布衣徐𤊪，閩縣人，永寧縣令徐𤊪子，與兄熥，俱擅才名。𤊪，字惟起，更字興公，博學工文，善草隸書。詩歌婉麗，萬曆間，與曹學佺相友善，主閩中詩壇。性嗜古，家多藏書。所居鼇峰，客從竹間入，環堵蕭然，而牙籤四圍，縹緗之富，卿侯不能敵也。著有《鼇峰集》、《紅雨樓集》。兄熥，字惟和，舉萬曆戊子鄉薦，著有《幔亭集》。子延壽，字存永，詞賦激昂，有《尺木堂稿》。孫鍾震，字器之，有《雪樵集》。

關於徐𤊪的生卒年，《福建通志·文苑傳》無載，王長英《明代藏書家、文學家徐𤊪事略考證》一文援引黃曾樾《讀尺木堂集》的考據結果，稱徐𤊪當生於隆慶四年庚午（1570），卒於弘光元年乙酉（1645），享年76〔註104〕，這一結

〔註102〕（明）張獻翼：《幔亭集序》，徐熥《幔亭集》卷首，上海：上海古籍出版社，1993 年。

〔註103〕（清）朱彝尊：《靜志居詩話》卷一六，第 467 頁，北京：人民文學出版社，1998 年。

〔註104〕王長英：《明代藏書家、文學家徐𤊪事略考證》，《福建師範大學學報（哲學社會科學版）》2001 年第 1 期，第 114 頁。

論幾為世所公認。近來馬泰來發現徐𤊶長孫徐鍾震《雪樵文集》手稿〔註105〕中有《先大父行略》一文，稱「先大父生於隆慶庚午（四年，1570）七月初二日巳時；卒於崇禎壬午（十五年）十一月廿五日午時，享年七十有三」。崇禎十五年十月廿五日即 1643 年 1 月 15 日，此為徐𤊶生卒年的最權威說法，亦與曹學佺《挽徐興公（壬午冬）》詩〔註106〕所言時間切合。

　　徐𤊶博聞多識，以才學名，著述等身，《四庫全書總目》著錄有《筆精》、《榕陰新檢》、《閩南唐雅》等。陳慶元有《徐𤊶著述編年考證》一文，按照年份詳考徐𤊶著作，可供參考。另外，高靜靜有《徐𤊶的交遊與結社》一文，詳細交代了徐氏父子的生平事蹟，可資查佐。

二、徐𤊶的聚書與編目

　　徐𤊶自撰《家藏書目序》，敘述其聚書編目的過程。自稱少時即喜讀父書，既長，「始知訪輯」，曾於「壬辰、乙未、辛丑三為吳越之遊，庚子又有書林之役，遁撮其要者購之，因其未備者補之，更有罕覯難得之書，或即類以求，或因人而乞，或有朋舊見貽，或藉故家抄錄，積之十年，合先君子、先伯兄所儲，可盈五萬三千餘卷」〔註107〕，《紅雨樓題跋》中多載其購書之事。書籍既聚，「遂仿鄭氏《藝文略》、馬氏《經籍考》之例，分經史子集四部，部分眾類，著為《書目》七卷，以備稽覽」〔註108〕。

　　該《序》作於萬曆三十年（1602），故有人稱此目成書於該年。實際上，該目成書之後，徐𤊶的聚書活動仍未停止，隨聚隨錄，故而形成了今日所見的不同版本與內容的書目。現存書目內之《藏書屋銘》即作於萬曆三十二年甲辰（1604），《題兒陸書軒》更作於萬曆三十五年丁未（1607）。書目中所載之《明詩選姓氏》「有天啓、崇禎的作者及乙酉（一六四五年）殉節的陳子龍等」〔註109〕，七卷本中還收有獲於崇禎十四年（1641）的《寓軒集》。種種跡象表

〔註105〕　按：據馬泰來文，該書原藏北平圖書館（今國圖），二戰時海運美國國會圖書館，現寄存臺北故宮博物院。
〔註106〕　（清）錢謙益：《列朝詩集》丁集第十四。上海：上海三聯書店，1989 年。
〔註107〕　（明）徐𤊶：《家藏書目序》，《新輯紅雨樓題記・徐氏家藏書目》，上海：上海古籍出版社，2014 年，第 207 頁。
〔註108〕　（明）徐𤊶：《家藏書目序》，《新輯紅雨樓題記・徐氏家藏書目》，上海：上海古籍出版社，2014 年，第 207 頁。
〔註109〕　《晁氏寶文堂書目・徐氏紅雨樓書目・出版說明》，《晁氏寶文堂書目・徐氏紅雨樓書目》，上海：上海古籍出版社，2014 年，第 2 頁。

明，徐𤊹所增補的書目內容，於時間上「幾迄於其謝世」〔註110〕，「一直到南明為止」〔註111〕。

徐𤊹《藏書屋銘》稱其藏書「五典三墳，六經諸子，詩詞集說總兼，樂府稗官咸備」，《家藏書目序》稱「合先君子、先伯父所儲，可盈五萬三千餘卷」，可見其藏書範圍既廣，數量亦多。徐𤊹與同鄉鄧原岳、謝肇淛、曹學佺等人交好，眾人皆喜藏書，而偏好各不相同。徐𤊹評價曰「予友鄧參知原岳、謝方伯肇淛、曹觀察學佺皆有書嗜。鄧則裝潢齊整，觸手如新；謝則銳意蒐羅，不施批點；曹則丹鉛滿卷，枕藉沉酣」，但論及「多得秘本」，則「三君又不能窺予藩籬也」〔註112〕。

三、徐氏舊藏書籍的去向

徐𤊹曾有「贈遺得人」之歎：「宋虞世和甫最愛黃庭堅，每得佳墨精紙奇玩必歸魯直。國初王羽儀之最善楊士奇，楊喜收書，或數月不相見，相見輒贈一書。皆贈遺得人者也。」〔註113〕言語透露欣羨之意，料亦希望百年之後，萬卷藏書可得歸良主。然世事不盡如人願，徐𤊹身殁之初，其子徐延壽尚能保存其藏書，錢謙益《列朝詩集小傳》中提到：「興公之子延壽，能讀父書。林茂之云，劫灰之後，興公鼇峰藏書尚無恙也。」〔註114〕則明清易代伊始，徐氏藏書尚為完帙。至順治十四年（1649），清兵攻下福州，開始匡屋屯兵，徐延壽被迫搬遷，流連戰亂之中，七萬餘卷藏書無法攜帶，故而開始散出。值得慶幸的是，這些書籍多為福州藏書家鄭傑、林佶所得〔註115〕。謝肇淛《五雜俎》載：「吾友又有林誌尹者，家貧為掾，不讀書而最耽書，其於四部篇目，皆能成誦。每與人俱入書肆中，披沙見金，觸目即得，人棄我取，係中懇繫。

〔註110〕馬泰來：《徐氏家藏書目‧整理說明》，《新輯紅雨樓題記‧徐氏家藏書目》，上海：上海古籍出版社，2014年，第196頁。

〔註111〕《晁氏寶文堂書目‧徐氏紅雨樓書目‧出版說明》，《晁氏寶文堂書目‧徐氏紅雨樓書目》，上海：上海古籍出版社，2014年，第2頁。

〔註112〕（明）徐𤊹：《筆精》卷六《文字》。清文淵閣《四庫全書》本。

〔註113〕（明）徐𤊹：《筆精》卷六《文字》。清文淵閣《四庫全書》本。

〔註114〕（清）錢謙益：《徐舉人熥‧布衣𤊹》，《列朝詩集小傳‧丁集下》，第634頁，上海：上海古籍出版社，1959年。

〔註115〕王長英：《明代藏書家文學家徐𤊹事略考證》，福建師範大學學報（哲學社會科學版）2001年第1期。

興公數年之藏，十七出其目中也。」〔註116〕鄭、林二人根據所得徐氏藏書，各自編有《紅雨樓題跋》一部。至光緒三十三年（1907），繆荃孫又據此二部重輯爲《重編紅雨樓題跋》，於宣統二年（1910）由趙詒琛峭帆樓刊刻問世。福建人民出版社有 1993 年點校本，名《紅雨樓序跋》。馬泰來耗十年之功，尋訪徐氏藏書，校核考訂，於 2014 年校訂本《新輯紅雨樓題記・徐氏家藏書目》合訂本，作爲上海古籍出版社《中國歷代書目題跋叢書第四輯》之一問世。尤爲珍貴的是，該書末附錄有《現存徐家舊藏書目》一則，著錄現存海內外的徐家舊藏書籍九十種，足資研究者參考。至此，徐氏藏書雖天涯零落，然已有目可考、有跡可循，亦可聊慰前人愛書之情。

四、《徐氏家藏書目》的版本

　　《徐氏家藏書目》（又名《紅雨樓書目》、《徐氏紅雨樓書目》等）存世者有七卷本與四卷本兩種。

　　七卷本見錄於《千頃堂書目》、《明史》。國圖藏有清道光七年（1827）東武劉氏味經書屋抄本，七卷四冊，十行二十字，細黑口，左右雙邊，前有「閩中徐惟起藏書印」。劉喜海跋語稱爲過錄大興徐星伯所得之周永年舊藏六冊本而成，「並輯《閩志》、《明詩綜》各書所載興公事蹟，撰小傳書於右」。內有徐𤊹自撰《家藏書目序》、《藏書屋銘》、《題兒陸書軒》。該本原無題名，劉喜海根據徐𤊹之書齋「紅雨樓」題爲《三山徐興公紅雨樓書目》。有牌記「道光七年歲在強圉大淵獻壯月東武劉氏味經書屋寫藏本」。有印記「東武劉氏味經書屋藏書印」、「文正曾孫」、「劉印喜海」、「燕庭」、「喜海」、「燕庭藏書」等〔註117〕。劉氏所據底本六冊實未分卷，《家藏書目序》稱「著爲《書目》七卷」，《千頃堂書目》亦稱七卷，劉氏乃據以訂爲七卷四冊。據馬泰來考據，該本所據底本爲後人傳抄本，非爲徐氏原稿，而今所有七卷本皆源出此本〔註118〕。書目文獻出版社 1994 年據劉氏抄本影印出版，收入《明代書目題跋叢刊》中。上海古籍出版社出版的《中國歷代書目題跋叢書》（第四輯）有馬泰來以國圖藏劉本爲底本整理而成的《徐氏家藏書目》七卷，與其《新輯紅雨樓題記》合刊。

〔註116〕　（明）謝肇淛：《五雜俎》，北京：中華書局，1959 年。

〔註117〕　按：參見馬泰來：《徐氏家藏書目・整理說明》，《新輯紅雨樓題記・徐氏家藏書目》，上海：上海古籍出版社，2014 年。

〔註118〕　按：參見馬泰來：《徐氏家藏書目・整理說明》，《新輯紅雨樓題記・徐氏家藏書目》，上海：上海古籍出版社，2014 年。

　　四卷本《徐氏家藏書目》見錄於（乾隆）《福州府志》、蕭璋《國立北平圖書館目錄類書目》（抄本，一冊）、潘景鄭《著硯樓書跋》（舊抄本四卷）。國圖、上海圖書館各藏清抄本一冊，南京圖書館藏抄本，皆爲四卷本。

　　繆荃孫《藝風樓藏書記》著錄《紅雨樓書目》四卷。1957 年上海古典文學出版社將《徐氏紅雨樓書目》四卷與《晁氏寶文堂書目》合刊發行。該本未交代《徐氏紅雨樓書目》整理所用之底本，僅稱「用傳抄本校印」，內亦有徐㷆自撰之《家藏書目序》、《藏書屋銘》、《題兒陸書軒》三篇。馬泰來疑其底本當爲《國立北平圖書館月刊》第三卷第六期至第四卷第四期（1929 年 12 月～1930 年 7／8 月）連載之《徐氏家藏書目》，該本底本爲今國圖所藏舊抄本〔註 119〕。2005 年上海古籍出版社將此合刊本收入《中國歷代書目題跋叢書》中。

　　此外，鄭傑《注韓居書目》著錄有《徐氏藏書目》五卷；邵懿辰撰、邵章續錄《增訂四庫簡明目錄標注》載《徐氏家藏書目》十卷。

五、《徐氏家藏書目》的編纂體例

　　劉氏味經書屋校訂本《徐氏家藏書目》據《千頃堂書目》及徐㷆《家藏書目序》所言爲七卷，分爲經、史、子、集四部，每部之下再做細分，總 103 類。其中經部收書 448 種，史部收書 921 種，子部收書 2255 種，集部收書 1817 種，總收錄書籍 5541〔註 120〕。

　　四卷本《徐氏紅雨樓書目》亦依經史子集分部，每部歸爲一卷。卷一爲經部，分 13 類，著錄 439 種；卷二爲史部，分 16 類，著錄 89 種；卷三爲子部，分 18 類，著錄 1996 種；卷四爲集部，分 15 類，著錄 1742 種。全書共分 62 小類，總收錄書籍 5069 種。

　　四卷本較之七卷本，經部、子部大體一致，史部以「分省」一類替代了七卷本的「福建省（郡縣山川寺院）」、「北直隸」、「南直隸」、「浙江省」、「江西省」、「湖廣省」、「山東省」、「河南省」、「四川省」、「廣東省」、「廣西省」、「陝西省」、「山西省」、「雲貴二省」十四類，但著錄書籍的數量亦相差無幾，二者的差別主要體現在集部。

〔註 119〕馬泰來：《明季藏書家徐㷆叢考》，《文獻》，2010 年第 4 期，第 135 頁。

〔註 120〕按：據上海古籍出版社出版的馬泰來點校本《徐氏家藏書目》，史部有 9 處空，子部有 1 處空，疑爲原書缺佚，今暫不計數。

　　四卷本卷四集部「集類」中，首先以「漢魏六朝七十二家集共三百五十一卷」一行字替代了七卷本卷之六的「別集類」的「漢」、「魏」、「晉」、「宋齊」、「梁」、「陳」、「北魏」、「北齊」、「北周」、「隋」十類所收錄的 72 種書目，又以內容互有重複的「明初諸家姓氏」、「明集諸家姓氏」、「明詩選姓氏」三類替代了七卷本卷之七集部「別集類」收錄的 1016 種明人文集，此外，四卷本以「唐」類 207 種替代了七卷本卷之五集部「總詩類（唐）」與卷之六集部「文集類（唐）」共 231 種；以內容殘缺的「宋詩」類 150 種（書目作者俱全者僅 68 種）替代了七卷本卷之六集部「文集類（北宋）、文集類（南宋）」完整著錄的宋人文集 117 種；以「元諸家姓氏」258 種（書目作者兼備者僅 50 種）取代了七卷本卷之六集部「文集類（金元）」的 71 種，這些變動使得四卷本的參考價值大打折扣，但由此亦可窺見該書目在流傳過程中的增補損益情況。據馬泰來考證，「明詩選姓氏」一類當成型於順治初年〔註 121〕。

　　劉喜海校訂七卷本，稱「集部缺閩人著作，當是別錄一目，備修閩志者採爲藝文志也」，「此本未分卷，而裝六冊，或本七冊，失去尾冊耳」〔註 122〕。馬泰來則認爲七卷本明人「別集類」所缺「不獨閩人著作，亦乏北直隸（今北京及河北）著作」，「疑福建及北直隸文集，原書目合載一冊，同時失落」，且失落的部分「在現存其他明人文集前，非在其後」〔註 123〕。然馬泰來校訂的七卷本《徐氏家藏書目》中，幸存的「直隸」部分 11 種位於「湖廣（德安府）」之後、「河南」之前。故筆者認爲，七卷本佚失的部分既非「尾冊」，亦非「在現存其他明人文集前」，而是位於現存明人文集中，即「『湖廣（德安府）』之後、『河南』之前」，或即爲劉跋所言之第六冊所佚失的前半部分亦未可知。

　　四卷本《徐氏家藏書目》的類目設置及各類數量詳見下表：

〔註 121〕馬泰來：《徐氏家藏書目・整理説明》，《新輯紅雨樓題記・徐氏家藏書目》，
　　　　　第 196 頁，上海：上海古籍出版社，2014 年。

〔註 122〕（清）劉喜海：《徐氏家藏書目識跋》，《徐氏家藏書目》七卷本末。

〔註 123〕馬泰來：《徐氏家藏書目・整理説明》，《新輯紅雨樓題記・徐氏家藏書目》，
　　　　　第 195 頁，上海：上海古籍出版社，2014 年。

卷　次	部　　類	二級類目	三級類目	總　　計
卷一	經部	易類 137		13 類 439 種
		書類 25		
		詩類 34		
		禮類 58		
		月令 12		
		春秋類 35		
		學庸類 24		
		論語類 16		
		孟子類 5		
		孝經類 14		
		爾雅類 12		
		經總類 41		
		樂類 26		
卷二	史部	正史類 26		16 類 892 種
		旁史類 111		
		本朝世史彙 84		
		人物傳 89	聖賢 10	
			歷代 36	
			各省 22	
			名賢 21	
		姓氏 18		
		族譜 33		
		年譜 26		
		科目 11		
		家訓 11		
		方輿 10		
		總志 10		
		分省 340		
卷二		邊海 4		
		外夷 26		
		各省雜志 59		
		各省題詠 34		

卷　次	部　類	二級類目	三級類目	總　計
卷三	子部	諸子類 78		18 類 1996 種
		子類 149		
		小說類 559		
		兵類 34		
		卜筮類 124 〔註 124〕		
		地理類 31		
		醫類 115		
		農圃類 136		
		器用類 50		
		藝術類 37		
		韻類 43		
		字類 40		
		書類 36		
		畫類 46		
		彙書類 51		
		傳奇類 134		
		道類 137		
		釋類 196		
卷四	集部	集類 13 〔註 125〕		15 類 1742 種
		唐 207		
卷四		宋詩 150 〔註 126〕		

〔註 124〕按：王國強《〈紅雨樓書目〉研究》一文在統計四卷本類例時遺漏「卜筮類」。

〔註 125〕按：此 13 種之前有「漢魏六朝七十二家集共三百五十一卷」一行字，然具體名目無載。

〔註 126〕按：此 150 種內，書目作者俱全者 68 種，有書目無作者者 1 種，有作者無書目者 81 種。

卷　次	部　類	二級類目	三級類目	總　計
		元諸家姓氏 258〔註127〕		
		明初諸家姓氏 322〔註128〕		
		明集諸家姓氏 142		
		明詩選姓氏 315〔註129〕		
		總集 63		
		總詩類 109		
		詞調類 19		
		詩話類 74		
		啓札類 19		
		四六類 24		
		連珠類 5		
		家集類 21		
4 卷	4 部	62 類		5069 種

七卷本《徐氏家藏書目》的類目設置及各類數量詳見下表：

卷　次	部　類	二級類目	三級類目	總　計
卷之一	經部	易類 134		經部 13 類 448 種
		書類 26		
		詩類 36		
卷之一		禮類 59		
		月令 12		
		春秋類 37		
		學庸類 26		
		論語類 16		

〔註127〕按：此 258 種內，兼載作品集者 50 種，其餘 208 種僅錄諸人姓名，間有爵里。
〔註128〕按：內有「國初處士」26 人，「國初閨秀」6 人，「國初羽士」6 人，「國初高僧」28 人。
〔註129〕按：該部分按時代排序，人各一傳，載錄名字、爵里、生平、著作等。

卷　次	部　　類	二級類目	三級類目	總　　計
		孟子類 5		
		孝經類 14		
		爾雅類 12		
		總經類 44		
		樂類 27		
卷之二	史部	正史類 26		史部 32 類 921 種
		旁史類 125		
		本朝史類 96		
		人物類（聖賢）11		
		人物傳（歷代）38		
		人物傳（各省）22		
		名賢傳記 21		
		姓氏 19		
		族譜 34		
		年譜 26		
		科目 10		
		家訓 11		
		方輿 10		
		總志 10		
		福建省（郡縣山川寺院）99		
		北直隸 15		
		南直隸 48		
卷之二		浙江省 45		
		江西省 35		
		湖廣省 22		
		山東省 18		
		河南省 7		
		四川省 8		
		廣東省 20		
		廣西省 9		
		陝西省 6		

卷　次	部　類	二級類目	三級類目	總　計
		山西省 1		
		雲貴二省 6		
		邊海 5		
		外夷 27		
		各省雜志 59		
		各省題詠 32		
卷之三	子部 11 類 1210 種	諸子類 80		子部 18 類 2255 種
		子類 166		
		道類 141		
		釋類 295		
		兵類 33		
		卜筮類 127		
		地理類 31		
		醫類 115		
		農圃類 136		
		器用類 50		
		藝術類 36		
卷之四	子部 7 類 1045 種	彙書類 52		
卷之四		韻類 43		
		字類 41		
		書類 37		
		畫類 54		
		小說類 679		
		傳奇類 139		
卷之五	集部 12 類 341 種	總集類 66		集部 40 類 1817 種
		總詩類（漢至六朝）29		
		總詩類（唐）31		
		總詩類（宋元）13		
		總詩類（本朝）14		
		總詩類（各省）22		
		詞調類 20		

卷　次	部　類	二級類目	三級類目	總　計
		詩話類 74		
		啓札類 19		
		四六類 27		
		連珠類 5		
		家集類 21		
卷之六	集部 14 類 460 種	別集類（漢）13		
		別集類（魏）7		
		別集類（晉）11		
		別集類（宋齊）7		
		別集類（梁）18		
		別集類（陳）5		
		別集類（北魏）2		
		別集類（北齊）2		
		別集類（北周）2		
卷之六		別集類（隋）5 〔註 130〕		
		文集類（唐）200		
		文集類（北宋）54		
		文集類（南宋）63		
		文集類（金元）71		
卷之七	集部別集類 14 類 1016 種	南京 319	蘇州府 121	
			應天府 22	
			徽州府 36	
			松州府 43	
			常州府 32	
			揚州府 18	
			鎭江府 13	
			淮安府 4	
			安慶府 6	

〔註 130〕按：「別集類（隋）」、「文集類（唐）」之間另有別集十二種：楚辭王逸章句十
　　　　七卷，楚辭白文二卷，楚辭朱子集注八卷後語八卷，古篆楚辭五卷，楚騷協
　　　　韻一卷，離騷草木疏四卷（宋吳仁傑），騷略一卷（宋高嗣孫），陶潛集何孟
　　　　春注十卷，翻宋板陶集八卷，應瑒集一卷，阮瑀集一卷，陰鑒詩一卷。

卷　次	部　類	二級類目	三級類目	總　計
			太平府 5	
			寧國府 9	
			鳳陽府 6	
			池州府 1	
			滁州府 3	
		浙江 309	杭州府 49	
			寧波府 90	
			紹興府 26	
			金華府 27	
			湖州府 35	
卷之七			嘉興府 43	
			溫州府 11	
			台州府 12	
			嚴州府 5	
			衢州府 6	
			處州府 5	
		江西 165	南昌府 34	
			南昌府（宗室）27	
			撫州府 20	
			吉安府 39	
			廣信府 15	
			建昌府 12	
			饒州府 4	
			臨江府 4	
			南康府 1	
			瑞州府 6	
			袁州府 1	
			南安府 1	
			贛州府 1	
		湖廣〔註131〕60	武昌府 15	

〔註131〕按：據馬泰來考證，「湖廣」後當佚失「福建」、「北直隸」、「南直隸」三類，現存七卷本中僅保存了直隸地區的 11 種。詳見《新輯紅雨樓題記‧徐氏家藏書目》第 475 頁。

卷　次	部　類	二級類目	三級類目	總　計
			承天府 13	
			黃州府 7	
			長沙府 5	
			常德府 4	
			岳州府 7	
卷之七			寶慶府 3	
			衡州府 1	
			荊州府 4	
			德安府 1	
		（直隸）11〔註132〕		
		河南 20		
		陝西 15		
		山東 19		
		山西 5		
		四川 16		
			廣州府 39	
			惠州府 4	
		廣東 56	高州府 5	
			瓊州府 2	
			潮州府 6	
		廣西 8		
		雲南 5		
		貴州 8		
7卷	4部	103類		5441種〔註133〕

〔註132〕按：原書本無「直隸」一類，馬泰來先生經考訂認爲，自「《石瑤熊峰集》四卷」至「《蘇志皐寒村集》四卷」共 11 種爲今幸存的「直隸」部分。詳見《新輯紅雨樓題記・徐氏家藏書目》第 475 頁。

〔註133〕按：據上海古籍出版社出版的馬泰來先生點校本《徐氏家藏書目》，史部有 9 處空，子部有 1 處空，疑爲原書缺佚，今暫不計數。

六、《徐氏家藏書目》的著錄特色與價值

徐𤊹自撰《家藏書目序》稱，其編定書目，乃是仿照了鄭樵《藝文略》、馬端臨《經籍考》的體例，而鄭樵隨疑隨釋的目錄學思想亦體現在《徐氏家藏書目》中。徐𤊹並未浪費筆墨強為解題，而是在著錄書名、卷數之後，簡略著錄書籍的版本、作者、編纂體例、著述主旨、書籍內容、同書異名、著作時間、出處等，從而既突出了書目的工具性特徵，使其簡明扼要，便於查閱，又保存了必要的學術信息，兼及了書目的參考價值。

值得注意的是，該書目中卷之四「傳奇類」絕少著錄相關信息。該類共著錄傳奇 139 種，絕大多數僅著錄書名。著錄有作者的僅 9 種〔註 134〕，記卷數者僅 3 種。蓋傳奇作者地位較低，既難以考證，又較受輕視之故。

與「傳奇類」形成懸殊對比的是，卷之七「別集類」著錄書名、卷數同前，而相關內容的著錄則極為詳細。與前文只標注編著者姓名的做法不同，「別集類」對作者生平的考證十分全面，這一現象的出現既有當代人信息易於搜集的客觀原因，也體現出徐𤊹主觀上對當代文集的重視。

（一）《徐氏家藏書目》對小說傳奇的著錄

《徐氏家藏書目》卷之四子部「小說類」著錄書籍 679 種，多為志怪、筆記、雜說等文學小說，對通俗小說的著錄極少。這一情況與《萬卷堂書目》卷三「小說家」、《百川書志》子志「小說家」相似。可見通俗小說的創作雖然在明代達到頂峰，但仍不為文人所重。

其卷之四子部「傳奇類」共著錄傳奇 139 種，「雜劇列前，戲文、傳奇在後，計雜劇名目 74 種，戲文、傳奇名目 65 種」〔註 135〕，體現出了明代戲劇的繁盛。尤為重要的是，該類目中著錄了許多罕見之書，如《唐帝妃遊春》、《秦觀蘇軾賞夏》、《戴王訪雪》、《勘問呂蒙》、《陳華仙二度十長生》、《傳臚記》、《疊陽記》、《李密陳情記》、《十錯記》、《續琵琶胡笳記》、《情緣記》等，「都是獨見或首見於本書目著錄，為戲曲目錄增添了新的內容」〔註 136〕。汪春泓《劉勰與劉穆之——從〈異苑〉兩條材料談劉勰的幾個問題》一文亦提

〔註 134〕按：此 9 種為《千斛記》（王應山），《觀燈記》（林初文編），《青蚓記》（林章），《異夢記》（陳價夫），《蝴蝶夢記》（謝弘儀），《鈿盒記》（戴應鰲），《崔氏春秋補傳》（屠田叔），《萬事足記》（馮夢龍），《凌霞新劇》（三十五種，俱茅維著）。

〔註 135〕孫崇濤：《戲曲文獻學》，第 80 頁，太原：山西教育出版社，2008 年。

〔註 136〕孫崇濤：《戲曲文獻學》，第 80 頁，太原：山西教育出版社，2008 年。

到《異域》一書在「明人徐興公《徐氏紅雨樓書目》及毛晉《汲古閣書跋》等書中」有所記載，「而其他一些著名的目錄學著作則往往不曾提及」〔註137〕。令人惋惜的是，「傳奇類」部分標注極少（按：詳見前文「著錄情況」一節），其文獻參考價值也由之大打折扣。

（二）《徐氏家藏書目》對方志的著錄

　　《徐氏家藏書目》卷之二史部著錄方志類書籍 482 種，數量甚多，體現出明代重視纂修方志、收藏志書的特點。值得注意的是，《徐氏家藏書目》的方志部分不僅收錄數量多，且類目的設置也很有特色：首先設置「方輿」、「總志」兩類，著錄《山海經》、《水經》、《水利》、《一統志》、《廣輿記》、《天下郡縣》等統論地志的書籍20 種；後以分省著錄的方式，設「福建省（郡縣山川寺院）」、「北直隸」、「南直隸」等十四個類目，著錄各地志書339 種，可謂有統有分、統分結合。

　　此外，又特設「邊海」一類，著錄《航海指南》、《北邊備對》等航海、海防書籍 5 種；設「外夷」一類，著錄《異域志》、《東夷圖說》、《高澄使琉球錄》等記敘鄰國風俗、出使、外貿、東西交通等內容的書籍27 種；設「各省雜志」著錄《武林舊事》、《長溪瑣語》等記錄各地風俗軼事的書籍59 種；設「各省題詠」著錄《崑山雜詠》、《西湖百詠》等詠誦各地風物名勝的文學作品32 種。這四種類目的設置乃是《徐氏家藏書目》的創新之舉，突出了書籍的特色，使人一目了然，乃是徐𤊹匠心獨具、不拘一格、完全根據實際靈活設目的思想體現。這四部分的設置，爲後世保存了研究海防史、對外交流史的重要資料，也體現出徐𤊹的藏書內容之廣、價值之高。

（三）《徐氏家藏書目》對表格式著錄法的運用

　　四卷本《徐氏紅雨樓書目》卷四集部「宋詩」類採用了表格式的著錄形式，上欄著錄書目名，下欄著錄作者名號。王國強評價稱：「類名既標『宋詩』，所錄自然都是宋人，不必注明時代；既是詩集，也沒有必要指出其特點」〔註138〕。表格式著錄法是書目編纂史上的一個創舉，爲當代書目編製廣泛採用。

〔註137〕汪春泓：《劉勰與劉穆之——從〈異苑〉兩條材料談劉勰的幾個問題》，《文學和語言的界面研究》，第 333 頁，天津：南開大學出版社，2008 年。
〔註138〕王國強：《〈紅雨樓書目〉研究》，《圖書館學刊》1990 年第 6 期，第 32 頁。

《徐氏紅雨樓書目》的「宋詩」部分所採用的表格式著錄法體例不一。有書目作者俱全者，如：

《西州猥稿》	《巴東集》
（景文）宋祁	寇準
《武夷集》	《小畜集》
（大年）楊億	（元之）王禹偁

有存作者無書目者，如：

（思公）錢惟演

有存書目無作者者，如：

《文山集》

值得注意的是，該類有一部分內容為上欄著錄某人別號，下欄著錄該人姓名，如：

沔州	龜溪	雪岩
（文敬）吳儆	（忠敬）沈與求	（器之）宋伯仁

可見四卷本抄錄之時，徐氏藏書已開始散佚，「宋詩」部分所錄藏書已然不全。採用表格式著錄法，既有登錄宋諸家姓氏之意（按：如後面的「元諸家姓氏」、「明初諸家姓氏」、「明集諸家姓氏」、「明詩選姓氏」之例），亦可作為來日訪書的依據。

（四）《徐氏家藏書目》的價值

《徐氏家藏書目》著錄有大量的明代作品。其中，該目對小說、雜劇、傳奇的大量著錄在一定程度上反映出了俗文學在明代的發展情況。且其中多有孤本、秘本，為研究明代的文學創作、尤其閩人的戲劇創作提供了珍貴的線索。

俗文學之外，《徐氏家藏書目》的「別集類」亦是該目極具特色的部分。

《徐氏家藏書目》於集部「別集類」依地區分 14 類目，著錄明人別集 1016

種。潘景鄭稱其中「為世所不經見者，無慮數百十種。雖不逮《千頃堂書目》之富，以之互勘，當得補苴什一也」〔註139〕。該部分對作者生平的考證十分全面，詳錄名姓、爵里、生平等信息。這一現象的出現既有當代人信息易於搜集的客觀原因，也體現出徐𤊹主觀上對當代文集的重視。於分類方法上，該部分採用的分省著錄明人文集的方法直接影響到黃虞稷《千頃堂書目》的編次，清人稱「（按：《千頃堂書目》）於明人文集，分省分府編列，本之徐興公書目」〔註140〕。

此外，《徐氏家藏書目》多收善本。潘景鄭贊該目「所收刻本應皆啓、禎以前，在今日視之，不當與天水、蒙古本同珍耶」〔註141〕，評價極高。

七、紅雨樓徐氏題跋三種

（一）紅雨樓徐氏題跋的整理本五種

徐氏一門詩書傳家，興公父子四代於藏書之暇亦撰寫有相當數量的序跋題記。朱彝尊有言：「興公藏書甚富，近已散佚，予嘗見其遺籍，大半點墨施鉛，或題其端，或跋其尾，好學若是。」〔註142〕這些題跋可據以考見徐氏父子的學術思想及藏書情況，具有重要的文獻價值，然而未經徐氏父子手校整理，而是分散在《紅雨樓集》及徐氏的大量藏書之中，由後人輯錄成書的。

徐氏題跋現存整理本有五種。其一，乃其鄉人林佶在康熙間首次輯錄而成之本，名《紅雨樓題跋》。林佶在康熙五十八年（1719）所撰題記中稱：

> 吾閩興公《紅雨樓集》未授梓，此題跋一卷是從稿中錄出者，尚未備。異日當廣並全集編刻，以永其傳，未知得如吾願與否。興公題跋最精確，惜多散逸，哀之正未易耳。〔註143〕

〔註139〕潘景鄭：《著硯樓書跋》，《晁氏寶文堂書目‧徐氏紅雨樓書目》，第423頁，上海：上海古籍出版社，2005年。

〔註140〕（清）邵懿辰撰，（清）邵章續錄：《增訂四庫簡明目錄標注》，第353頁，上海：上海古籍出版社，1959年。

〔註141〕潘景鄭：《舊鈔本〈徐氏家藏書目〉》，《著硯樓讀書記》，第222頁，瀋陽：遼寧教育出版社，2002年。

〔註142〕（清）朱彝尊著，葉元章、鍾夏選注：《朱彝尊選集》，第231頁，上海：上海古籍出版社，1991年。

〔註143〕馬泰來：《新輯紅雨樓題記‧徐氏家藏書目》，第10頁，上海：上海古籍出版社，2014年。

據馬泰來考訂，這部分題跋的來源當不止於林佶所稱之《紅雨樓集》稿本，還當包含有康熙五十七年（1718）佶子正青所抄錄寄送其父的部分。該本原稿現存山東省圖書館，北京大學圖書館藏有李盛鐸木犀軒抄本，中科院圖書館及天津省圖亦有清抄本。

其二，爲嘉慶間鄭傑所輯錄之本，亦名《紅雨樓題跋》。該本總八十七則，其中多有見著於林氏本的內容，或爲同從《紅雨樓集》中錄出者。徐氏舊藏初多爲林氏所得，後復歸鄭氏。鄭傑於嘉慶三年（1789）序中稱：

> 不佞仰企前人，潛心購覓，幾廢寢食，得徐氏汗竹巢、宛羽樓、
> 紅雨樓藏本，什有二三……獨是興公先生善聚善讀，用心精勤之處，
> 余欲與天下人共知之，遂搜錄題跋若干首，先付梨棗，別爲初編云。
> 〔註144〕

由此可見，鄭傑輯錄《紅雨樓題跋》時，當未知林佶已有輯錄本在先。且稱「初編」者，當爲以待他日續成全編之意。該本爲鄭氏刊入《注韓居叢書》之中。

其三，爲清末繆荃孫所輯《重編紅雨樓題跋》2卷，上卷錄典籍，下卷錄碑帖書畫，總 220 條。該本乃是合併林、鄭二家所得，雖未加校訂，但流傳甚廣，徐氏題跋藉此爲世人廣泛瞭解。繆本於宣統二年（1910）爲趙詒琛刻入《峭帆樓叢書》中，惜後毀板。繆氏稿本今存北京大學圖書館，另有民國三年（1914）重刊本及民國十四年（1925）重印本行世。其中 1925 年重印本爲羅振常校本，內有校記，乃是以鄭本校 1914 年繆氏重刊本，且補入《竹窗小稿》一則。

其四，爲沈文倬所輯《紅雨樓序跋》二卷，1993 年福建人民出版社出版，收入《八閩文獻叢書》之中。該本體例照搬繆本，僅收錄序跋十篇，可供研究者參考。

其五，爲馬泰來所輯《新輯紅雨樓題記》，以 1925 年羅振常校本爲底本，以林、鄭二本校對，重新加以刪補編排而成。該本「只收舊籍題記，不收徐燉爲時人文集所撰序文，亦不收書畫、碑帖題識」，「《新輯》所補編刻書籍序跋，皆錄自原書，但舊編《紅雨樓題跋》收有數篇文字，疑爲書籍序文，因乏確證，無法斷言。茲從吳曉鈴整理《西諦書跋》例，不分文體，略按《四庫》

〔註144〕馬泰來：《新輯紅雨樓題記·徐氏家藏書目》，第 12 頁，上海：上海古籍出版社，2014 年。

分類排列。所補藏書題記，多據原書徐𤊹手書題記，少數題記錄自其他載籍，包括謝肇淛小草齋抄本和海內外各種目錄」〔註 145〕。該本分《前編》、《正編》、《後編》三部分，分別著錄徐熥、徐𤊹、徐延壽與徐鍾震所撰題跋。各書下附箋校，箋校部分分爲馬氏校記與補入的《徐氏家藏書目》的內容，方便讀者參考閱讀。《新輯紅雨樓題記》與《徐氏家藏書目》合爲一編，收入《中國歷代書目題跋叢書（第四輯）》，2014 年 12 月上海古籍出版社出版。今以該本爲研究對象，對徐氏三代所撰序跋題記做大概的研究分析。

（二）徐𤊹的序跋題記的價值

1. 彌補明代人書目題跋過於簡略的不足

徐氏父子手自題跋之書多爲其家藏書目所著錄。如明代大多書目一般，《徐氏家藏書目》於解題方面極爲簡略，更毋論學術性品評以及對學術思想流變的述及。這一遺憾可由序跋題記來彌補。

例如《徐氏家藏書目》著錄有：

> 《周易翼》四卷（宋，胡一桂）

徐𤊹題跋亦著錄此書，不但詳注書名，且記錄了得書經過、友人傳抄事宜，列舉其卷次內容並評價其學術價值：

> 《周易本義啓蒙翼傳》
>
> 此書辛丑年置之寧波書肆，原欠外編一卷。癸卯年，杭州張維誠來閩，借抄一部。不知此版刻在何方。上篇列揲「蓍」卦位十翼只説，中篇述古易傳授傳注之源，下篇舉理數筮驗辨疑之緒，絕無宋儒迂腐長談。博而「約」，精而微矣。學《易》者玩索而有得焉，於《易》道思過半矣。甲辰秋日，讀易園主人徐興公記。

又如，《徐氏家藏書目》有：

> 《張思廉玉笥集》十卷。

徐𤊹題跋則點評了學術特色、記錄了其刊行時間、得書及整定的過程，並轉引了他書對張思廉生平的著錄：

> 《玉笥集》
>
> ……會稽張思廉之作，古體鍊句鍊字，出入溫、李，近體有法

〔註 145〕馬泰來：《新輯紅雨樓題記·徐氏家藏書目》，第 16 頁，上海：上海古籍出版社，2014 年。

有度，比肩劉、許，讀之惟恐易盡。張公生於元季，張仲達選《元音》十二卷、宋公傳選《提要》十四卷，皆遺思廉姓氏，蓋二公選詩時，思廉全集尚未傳之人間，向非侍御黃玉輝梓而行世，則思廉將腐同草木耳。……

  又按都玄敬《詩話》：「思廉元末流寓吳門，時張士誠欲結納遊客，……思廉遂委身事焉。未幾張敗，思廉變姓名，走杭州，寄食報國寺，……後思廉死寺中，人取視之，乃其平生所作詩也。……」萬曆己亥初夏晦日，惟起書。

又，《徐氏家藏書目》載：

  《古文短篇》二卷。敖英。

徐𤊹題跋則藉以論學，提出了「文貴短法」的主張：

  《古文短篇》

  余嘗學為文，每有結撰，則纏纏數百言，意求短而落筆不能短，中間陳腐疏漏處又不能免，始知古人之文，以短為貴。……

又，《徐氏家藏書目》載：

  《焦氏易林》十六卷，焦延壽著。

徐𤊹題跋則藉以概述學術源流：

  《焦氏易林》

  愚按：商瞿受《易》於孔子，至田何以後，皆有次第。宋世諸儒，……獨焦貢作《易林》，分六十卦更值日用事，班固、孟康談志甚詳。……蓋《易》學田何、焦貢、費直分為三派。朱子派出田何，以此派之義例，占彼派之吉凶，必不然矣。又按：儲詠論代著之法，以錢擲爻，古者以有字為陰，無字為陽，至紫陽始反而用之，……學者欲求焦氏作《易》之旨，須用古擲錢法，折衷值日之論，庶幾近之矣。皇明萬曆辛丑春正月書。

2. 保存大量史料

徐𤊹於《國史補遺》下稱：「著書立名，須實著地理官爵，俾後人有所考鏡也」〔註146〕。其題跋中往往著錄有該書卷冊數，收藏者、作者的姓名、籍

〔註146〕馬泰來：《新輯紅雨樓題記・徐氏家藏書目》，第78頁，上海：上海古籍出版社，2014年。

貫、年代及生平逸事、交遊、著作等，並間或移錄前人序跋、著錄得書以及
校理情況，保存了大量的史料，有助於後世的參考利用。

著錄某書的卷冊數者。如：

《藝文類聚》一百卷。

《龍筋鳳髓判》二卷。

著錄書中題跋印記等相關信息。如：

《鶴年詩集》

余向家藏《丁鶴年詩》三卷，乃永樂間刻版，後有盧陵楊文貞
士奇跋語，……簡首有高惟一印章。惟一，國初人，有孝行，事詳
郡志。……

著錄作者姓名、生平、年代、籍貫、著作等信息者。如：

《宣和北苑貢茶錄》

熊蕃，字叔茂，建陽人，唐建州刺史博九世孫。……築堂名獨
善，號「獨善先生」。嘗著《茶錄》，釐別品第高下，最屬精當。又
有《製茶十詠》及文稿三卷行世。徐𤊹書。

著錄先人生平逸事者。如：

《金精風月》

先君向有《金精山志》，藏之篋笥，時取披覽。及為茂名學博，
在癸酉之歲，時學憲邵某試合郡教官文，又有詩，詩乃《登金精山》
為題。……先子曾覽是志，頗知其中事蹟，乃賦詩曰：「……」邵見
詩大稱賞，拔置第一，因為延譽甚力。次年巡按御史張某復試《迎
春詩》，先子復置第一。丙子，遂擢永寧令，皆二詩之力也。……

移錄前人序跋、筆記等所載之內容。如：

《龍龕手鑒》

《夢溪筆談》云：「幽州僧行均集佛書中字為切韻訓詁，……」

著錄他書未載之史料。如：

《羅鄂州小集》

《宋史》云：「羅願治鄂州，以父汝楫故，不敢入嶽廟。願曰：
『吾有善績。』竟入謁。甫拜，遂卒於像前。」集中載墓誌及諸序，
悉未言及斯事，因識之。戊申夏日，興公。

提供同書異名的信息。如：

《步天歌》

夏日齋居，偶王永啓持一天文書來，名曰《鬼料竅》，即此書也。

著錄一書之別本。如：

《解頤新語》

……屠田叔拔其俊語爲《詩言五至》，此則舊本全文也。……

有自序，著錄成書緣由、經過等情況

《蔡忠惠年譜》

燉以萬曆丁酉取忠惠《荔枝譜》而續之，時屠田叔爲閩轉運，通其譜而授諸梓。戊申歲，……作《外紀》，新安吳太學寓貫刻之武林。然公所著文集，求之海內三十多年矣，不能得。……叔虞偶一詢訪，便獲故家抄本，正乾道王龜齡所編三十六卷者。……叔虞慮孤餘之託，又函原本附曹觀察能始至閩，以了宿諾。啓函讀之，喜而忘寐，不能釋手。然中間錯簡訛字，不一而足，稍稍爲之更定。歲甲寅，友人陳侍御秦始乘驄江右，……請王孫朱郁儀、秀才李克家嚴加讎校，並《外紀》載之梨棗。甫一周而吳興蔡侯伯達來守泉郡，……從盧副憲求錄本，張廣文啓睿訂正，鏤板以傳。……余得二方善本，……更採公生平官爵著述，編爲年譜，……

又記增補重刻事。如：

《太白山人詩》

太初詩，余家有分類一種。乙未歲遊吳興，與友人張睿卿復匯《太初集》重刻，增入遺落者數十首，比舊本頗多。屬余較讎，刻爲最後，版亦最精。此本乃先正鄭少谷爲太初授梓者，編匯年次，備於他本，年久版亦不存，人家鮮有藏者。林誌尹偶得之，持以見貽。印章又爲高石門家物。……

又：

《升菴詩集》九卷《文集》十二卷

萬曆戊戌現伯氏於長安肆中購得《升菴詩》九卷，置之齋中，不知尚有文賦十二卷在後也。今歲偶有以文賦求售，予蒐詩集合之，紙墨一式，遂成全璧矣。崇禎己巳秋初，徐興公識。

又記刪改編定事。如：

《薛濤詩》

......近曹能始參藩西蜀，梓而行之。洪度詩五百首，此亦斷圭殘璧，非完璞也。中有《贈楊蘊中進士》一首，雖淒惋可詠，然鬼語無稽，余乃拔附集末。田洙聯句，尤爲不經，竟刪去之。......

3. 反映了徐𤊹的文獻思想

（1）徐𤊹的藏書觀

重視方志等地方文獻的收購及保藏，是徐𤊹藏書的一大特色。

（正德）《福州府志》：

舊府志十二冊，先君所儲也。萬曆丁酉，古田令劉君欲考本邑事，向先兄借二冊去，越三載，先兄歿，劉令亦不以見還。余屢託古田丞李君元若轉索，僅得其一，而第十冊竟無有也。蹉跎十載，未遑抄補，今歲因纂修之便，乃補一帙，復成完書。此志刻在正德庚辰，未及百年，而家鮮有藏者。自今以後，愈不可得矣，子孫其愼重之哉。〔註147〕

重視先賢遺集的收錄是徐氏藏書的另一大特色，徐𤊹在其題跋中亦多次提及此事：

《唐眉山詩集》十卷《文集》十四卷

......予癖喜收先賢遺集，獨先生集遍求弗得，不無惋惜。......

又如：

《鄭少谷先生全集》二十卷《附錄》二卷

......予性喜蓄書，漁獵先輩遺文，如獲重寶。......

又如：

《元人十種詩》六十一卷

......予性癖耽書，亦喜蒐先代遺稿，......

重視抄本，是徐𤊹藏書的第三大特色：

《從野堂論語講義》

......維成善積書，見異本即抄錄，與余癖合。

〔註147〕馬泰來：《新輯紅雨樓題記・徐氏家藏書目》，第 85 頁，上海：上海古籍出版社，2014 年。

徐㶿非常重視對藏書的校讎。其所撰《筆精》有《書不讎校》一則，批評聚書而不校書的行為：

> 北齊書邢子才有書甚多，而不甚讎校。見人校書輒笑曰：「何愚之甚！天下書至死讀不可遍，焉能役役校此錯誤書？」余嘗披覽抄本之書，十偽二三，難以句讀，令人燥熱，又無處借書校對，偶及邢事，心神頓涼。〔註148〕

徐㶿藏書注重校讎、考訂，其多樣化的校讎方法及校書成果往往在序跋題記中有所體現。如：

> 《李文公集》
>
> ……余家藏有舊本，序次稍異，乃邵武郡守馮師虞所梓，版存郡齋。此本首無歐序，而更以王融何方伯宜序，刻在景泰乙亥。邵武本刻在成化乙未，互有魚魯之誤，因兩存之。萬曆戊申伏日，徐㶿記。

又如：

> 《文心雕龍》
>
> ……劉彥和《文心雕龍》一書，……先人舊藏此本，已經校讎。……此書脫誤甚多，諸刻本皆傳訛就梓，無有詳為校定者。偶得升菴校本，初謂極精。辛丑之冬，攜如樵川，友人謝伯元借去讎校，多有懸解，……余反覆諷誦，每一篇必誦數過，又校出脫誤若干，合升菴、伯元之校，尤為嚴密。然更有疑而未穩，不敢妄肆雌黃，尚俟同志博雅者商略。……

又有：

> 《文心雕龍》
>
> 《文心雕龍》一書，余嘗校之至再至三，其訛誤猶未盡釋，……郁儀出校本相示，旁引經史，以訂其訛，詳味細觀，大發吾覆。……王孫圖南欣然捐家藏斯本見贈。余方有應酬登眺之妨。鬱儀又請去重校，凡有見解，一一為余細書之……若鬱儀、圖南，真以文字公諸人者也。鬱儀名謀瑋，石城王裔，圖南名謀埠，弋陽王裔，皆鎮國中尉，與余莫逆。……

〔註148〕（明）徐㶿：《筆精》卷六《文字》，清文淵閣《四庫全書》本。

則此處不僅記校訂《文心雕龍》事，亦記與朱謀瑋、朱謀㙔之交遊事。

徐㷛格外重視對先賢大家批點本的收藏，同時注重對書籍的保護，呼籲愛重善本書，慎加點污。這一點在其題跋之中亦有所體現：

《杜工部詩》

……余喜蓄書，又喜收前輩批點書。……

又如：

《箋注唐賢絕句三體詩法》

《唐三體詩》一冊，……四十年來，已經五人之手，故開卷亂如塗鴉矣。然五人者皆少時事，未免謬悠，不爲中的。偶而檢及，漫記其後，庶幾後之人見善本書，勿輕點污也。……

此外，徐㷛在題跋中對重要古籍的珍貴性做了特別強調，要求子孫悉心保護。如：

（正德）《福州府志》

……此志刻在正德庚辰，未及百年，故家鮮有藏者。自今以往，愈不可得矣。子孫其慎重之哉。……

《奇門遁甲五總龜》

……余購之陳閹窗方伯所遺者，繕寫精密，寶若拱璧，什襲珍藏，以傳孫子。……

《陶靖節集》

……年來刻本甚多，余獨寶此者，手澤存也，子孫其重之哉。……

（2）徐㷛的辨僞思想

徐㷛題跋中往往有對書籍辨僞成果的展示。如《蔡氏宗譜》一則即有辨合三姓於一族之僞、姓名身份之僞、人物傳記之僞、敕書之僞、印章之僞、書法之僞、族譜之僞、跋文之僞八處：

《蔡氏宗譜》

按：……三姓原非一族明甚，今乃合而一之，一僞也。五代宋初名臣蔡興宗，……今誤書「輿宗」；蔡襄長子名勻，……今誤書「勾」；襄次子旬，……今誤作第三子旻之子，又不知其官爵，二僞也。黃庭堅所作《蔡襄傳》，全抄歐陽修墓誌中語……三僞也。蔡襄敕一道，蔡洸敕一道，……相去一百二十餘年，敕紙一式，無分毫

之別，四僞也。其中印章，……五僞也。卷首託朱文公「家寶」二字，……六僞也。余曾見王氏一譜，……七僞也。後歐陽玄一跋，……八僞也。……

又稱《圖南易數》爲抄自《圖南河圖眞數》者：

《圖南易數》

此書不載作者姓氏。近見友人處有《圖南河圖眞數》一種，後自「乾」至「未濟」，卦各解釋，與此本同，但章末無詩，乃圖南之眞本也。此本詩極鄙俗，決非圖南之筆，乃後人增之耳。圖南易理奧妙，安得作此兒戲語耶。《河圖眞數》另有抄本。此又不與《眞數》相蒙，分之爲是……

（3）徐𤊹的考據思想

徐𤊹序跋之中通常記錄古書的卷次、版本、序跋、收藏源流、得書、補全過程等，成爲考訂書籍流傳的重要信息。

有著錄該書的卷次結構者。如：

《麻衣先生易髓》

《麻衣先生易心法》一卷，馬、鄭諸家載之，四明范司馬刻而傳之。此本題曰《麻衣先生易髓》，分上下二卷，列六十四卦，各有論說，……

有著錄其他各書記載不一致者。如：

《陳金鳳外傳》

王永啓既得《陳后傳》於農家，予借錄一本。反覆考核，其姓名事蹟、歲月地理，與史乘符合者勿論，中有少異者。……

另有考訂作者，如：

《革除編年》

《革除編年》一冊，抄本，不載姓氏。按《袁氏叢書》：袁祥，吳郡嘉善人，字文瑞，怡性其別號也……逾二年而歸，勒成三書，一曰《建文遺事》，二曰《革除編年》，三曰《忠臣錄》。……詳閱之，盡明備矣。

又有考訂成書年代，如：

《事物紀原集類》

此書國朝正統間，趙祭酒始傳之，門人南昌閣靜梓而行之，逸作者姓氏。予細覽玩，篇中述事至宋仁宗而止，仁宗之後，殿閣原始不載，乃有神宗熙寧太一宮，則熙寧中人所著也。崇禎庚辰仲夏，七十一翁興公書。

又有鑒別版本，如：

《潛虛》

《通考》云：「《潛虛》一卷，司馬光擬《太玄》撰……又考朱子《書張氏所刻潛虛圖後》曰：「范仲彪炳文家多藏司馬公遺墨。嘗示余《潛虛》別本，則其所闕之文甚多。問之，云溫公晚注此書未竟而薨，所傳止此。嘗以手稿屬晁景迂補之，而晁謝不敢也。」近見泉州所刻，乃無一字之闕，始復驚疑，然讀數行，乃釋然曰：此贗本也。……」〔註149〕

（4）徐𤊽的版本思想

《麻衣先生易髓》

《麻衣先生易心法》一卷，馬、鄭諸家載之，四明范司馬刻而傳之。

可知該書乃是天一閣刻本，爲范欽手自校訂並付梓者。范欽校刻書籍二十種，爲祁承𤊽《澹生堂藏書目》稱爲《范氏二十種奇書》。

又記得宋元版儒書之事：

《性理群書句解》

余己酉仲秋客遊衢州，旅寓祥符寺鶴松都綱房。暇扣佛殿，見佛座後敗篋數十，訝之。鶴松曰：此古藏經，散失僅存惟此耳。余亟遣人移翻，皆宋嘉祐中所印經，紙墨精好，盈數百軸，……篋中又拾《性理群書句解》一冊，視之，元版也。卷前有像有贊，字畫不類本朝。余所藏元版書，紙墨多類此……

又如：

《陸士龍文集》

……此乃都玄敬與吳士陸元大校刻者，卷末乃留宋人名字，依

〔註149〕馬泰來：《新輯紅雨樓題記・徐氏家藏書目》，第99頁，上海：上海古籍出版社，2014年。

宋版也。讎對無差，勝今坊間所梓者多矣。……

　　　　《傅與礪詩集》

　　　……惜梨棗漫漶，紙煙模糊。此本洪武間刻，世不多得，重錄
　　珍藏，尚有所待。萬曆庚子秋，徐惟起識。

如此種種，皆詳記版本，對善本更是尤加關注，徐𤊹藏書的版本意識可見一斑。

（三）徐熥、徐延壽、徐鍾震三人的題跋

　　日本國立公文館藏徐熥《幔亭集》二十卷，其卷十九有「題跋」四十五
篇，包括書畫、碑帖題識，友好著述序文及讀書札記等。考其內容，有記先
人生平、爲學事蹟者，如：

　　　　《周易通解》

　　　先君子少學《易》於舒侍御雲川先生，韋編幾絕矣。長而以《易》
　　授四方弟子，遂著《周易通解》六卷。當熥髫年，先君課以此編，
　　必成誦而後已。熥之以一經成名者，實籍庭訓焉。古云「父沒不能
　　讀父之書，口澤存也」，況出於先君極深研幾，積數年之功，手自撰
　　著者手。……

有爲他人重刊之書作序，述學術源流、讚頌刊刻人之功業者。如：

　　　　《改並五音類聚四聲篇海》

　　　上古誘因無字，出諸口者皆天地之元聲也。自羲皇畫卦，倉頡
　　制書，形既立矣，音斯附焉。……此書流傳既久，梨棗漫漶，沙門
　　如岩者，朗質觀空，精嚴戒律……熥根器朽頓，識不反隅，驟加批
　　閱，茫昧難明。岩師矜我愚蒙，詳譯屢譬，匝月之後，漸見一斑，
　　乃令不慧片言弁諸簡首。……

有自序，介紹編撰經由及著作情況者。如：

　　　　《晉安風雅》

　　　閩中……風雅之道，唐代始聞，然詩人不少概見。趙宋尊崇儒
　　術，理學風隆，吾鄉多譚性命，稍溺比興之旨。元季毋論已。明興
　　二百餘年，八體四聲，物色昭代，郁郁彬彬，狥歟盛矣。……屏居
　　之暇，采輯遺編，蒐羅逸刻，得梨棗朽壞之餘，起桑梓敬恭之念，
　　摘爲一十二卷，總二百六十人有奇，上而格合漢魏、六朝，下而體
　　宗貞元、大曆，調有偏長，詞必兼善者，不論窮達顯晦，皆因詩採

拾，以彰吾郡文物之美。……

有直言批判、證以辨僞者。如：

《文中子》

老、莊、列、荀、楊諸子，其所著書，不盡合孔子之道，然各
立門戶，譬之國統，所謂偏安，而非僭竊也。惟《文中子》一書，
竊聖人之糟粕，謷欲間動以仲尼自居，置魏徵、薛收諸人於顏、曾
之列，籲可怪也。其僭竊之罪，當不在新莽之下矣，豈文中夭死，
而一二門人訑撰以欺後世歟？不然，何唐初佐命功臣，一一盡出其
門乎，此必無之事也。況《隋書》修於魏徵，不爲文中立傳，此乃
何也？每翻《中論》，便欲付祖龍之火。

蓋題記者，閱讀時隨筆著錄，批於書眉、邊框等處，當爲筆者即時的閱讀感
悟，非爲公開發表的言論，故而往往直抒胸臆，用詞遣句亦無掩飾委婉之意。
徐熥所撰《文中子》一條，卻是收錄於《幔亭集》之中，當爲其手自校訂欲
傳後世之論。直言若此，可見徐熥性格之一斑。

有記得書經過者。如：

《格古要論》

《格古要論》，余家舊有所藏，字稍漫漶。友人林誌尹客長安時
得此部，大勝余本，遂以歸余，又重爲裝訂，志尹之意亦勤矣。余
舊藏者志尹持去。

林誌尹，即林佶，爲徐家世交好友。其人亦是藏書家，尤精版本，癡嗜更勝
徐氏兄弟一籌。謝肇淛《五雜俎》有載：「吾友有林誌尹者，家貧無據，不讀
書而最耽書。其於四部篇目，皆能成誦，每與人俱入書肆中，披沙見金，觸
目即得，人棄我取，係中懇緊。與公數年之藏，十七出其目中也」〔註150〕。
林誌尹與徐熥又爲兒女親家，徐氏家破後，藏書多歸林氏所有。

有點評一書之藝術價值，述其成就者。如：

《鶴林玉露》

古今模寫山林丘壑之樂者，以羅景綸《鶴林玉露》「山靜日長」
一篇爲最，閒中披玩，眞如身在山邊水涯，不復知有人世。談者戲
謂此篇但得濁醪數杯，尤爲佳境。不知一涉微醺，便傷清況，不如

〔註150〕　（明）謝肇淛：《五雜俎》卷十三，北京：中華書局，1959年。

增入好香一柱，更覺幽絕。

評點之間，大有明人筆記閒情之風，令人神往。

有點評前人，抒發己意者。如：

《陶淵明集》

陶淵明「雖有五男兒，總不好紙筆」。此詞人有託之言，其子未必爾也。臨終一疏，詔以人倫大義，望以聖賢之學，儼等豈眞碌碌者哉。後世紈綺之子目不知書者，動以淵明自解，可發一笑。

有記前人逸事者。如：

《常建詩集》

盧陵楊文貞公同陸伯暘造其師吳孟勤。時孟勤有《常建詩》一冊，文貞與伯暘皆欲得之。孟勤未決所與，笑指門外汲井者曰：「二賢請賦此，先就者持去。」文貞應聲曰：「皎潔如明鏡，銅瓶下愈深。妝成不照影，應恐墮金簪。」遂揖而取之。三人相視大笑，伯暘因不復賦。偶憶楊詩，慢識卷末。

楊士奇《東里續集》亦著錄此事，可與此處相校而讀。

有爲古人正名、駁斥時論者。如：

《王右丞集》

王摩詰《輞川》諸詩，極沖淡有致，至於裴迪所和之詩，眞堪伯仲。如……數作，清新沖淡，殊無軒輊。當時定爲摩詰所賞，故得並錄。後世談詩者，遇王作則極加詠歎，遇裴作妄置彈射，如同耳食。二公有知，當爲絕倒。

有記載作者的其他作品的。如：

《高太史鳧藻集》五卷附《扣舷集》一卷

高太史所著有《缶鳴》、《江館》、《鳳臺》、《吹臺》、《槎軒》、《扣舷》、《鳧藻》及《姑蘇雜詠》、《婁江吟稿》、《史要會抄》諸集。余所藏獨《缶鳴》一種。……

高啓，字季迪，號槎軒，明初詩文三大家之一。縱觀有明一代，詩歌無出其右者。高啓曾於明初入仕，後因魏觀案被連坐腰斬，其作品亦遭禁，不許流通。明代的禁書政策至中後期已不甚嚴厲，故而藏書目及諸家序跋、筆記中常有禁書見錄。

有考訂版本、卷次者。如：

　　《少谷山房雜著》

　　　　……出鄭吏部手書無疑。然以印章考之，知爲高宗呂家所藏。
　　首《易論河圖洛書》，次《洪範論》及《洪範數補敘》，次《田制論》，
　　次《九章乘除法》，次《演禽法》，次《奇門遁甲法》，終以衣、冠、
　　車之制，皆探賾索隱，鉤深致遠，非世儒所能窺測者。……

對某些意義特殊的家藏書籍，徐㷿往往於題跋中特別指出其價值，叮嚀子孫
善加保管。如：

　　《赤牘清裁》

　　　　近世所傳《赤牘清裁》，多王長公益本，楊用修元本絕不復睹。
　　架頭缺此，每以爲恨。去歲偶於坊肆亂書中得之，楮善而刻精，又
　　爲義溪陳闈窗方伯公所梓行者，尤不易得。二孫覽此，當更寶愛耳。

有記作者生平，補充志書之缺者。如：

　　《唐詩正聲》

　　　　……又吾鄉黃尚書鎬、郭民部波二序，皆諸本所無。至於述廷
　　禮出宋張鎮尚書之後，冒姓高，此又郡乘所不載者。戊戌歲見於燕
　　市，遂購以歸。

有考訂某書編輯收錄失誤之處。如：

　　《皇明詩抄》

　　　　楊用修太史選《皇明詩抄》，收劉子高詩，中有《寄萬德躬》「日
　　暮山風吹女蘿」首、《寄范實夫》「細雨柴門生遠愁」首，乃唐人戴
　　叔倫詩，豈子高嘗書二詩，後人誤入遺稿，而用修不及詳考耶。……
　　盧子明選《明詩正聲》，《萬德躬》首刻作王惲，蓋用修《詩抄》王
　　惲之後繼以子高，盧君遂誤爲惲作，尤紕漏可笑。至於劉子高《廣
　　州雜詠》四首中三首，談粵東土俗甚備。其第四首……絕非廣州風
　　景，且體格與三作不類，疑賦蜀中山川耳。

徐㷿指出了楊慎選輯《皇明詩抄》、盧純選輯《明詩正聲》時誤認作者之訛。
又從《廣州雜詠》詩的內容入手，提出其第四首存在歸輯失誤的問題。

　　徐延壽題跋中有記得書緣由、書籍全佚概貌及考訂補錄情況者。如：

　　《書林外集》

　　崇禎戊寅冬，予侍家大人客姑蘇，偶同友人林若撫於閶門敗肆中得《書林外稿》一冊，不署姓名，前缺序文，而卷末復脫數版。細閱其詩，知爲元人，鄞產也。即攜歸，考《寧波府志》，士元載於「文學傳」。……

有記得書而及交遊逸事者。如：

　　《靈棋經》

　　……甲申暮春，讀禮山居，延津謝子介庵挾刺見訪，予亟迎之。爲詩文探討之暇，詢及此書，輒爲解說，且言其靈應。予簡藏本察對，脫落者補之，未備者添之，誠一快事。復以棋子見贈。自茲以往，東西南北，不至迷途者，介庵之力也。又教予以河雒理數，誠以予家世學《易》，喜於得其傳也歟。

尤其值得提出的是，徐鍾震的題跋中記錄了徐氏藏書的散佚情況：

　　《鳴秋集》

　　……先大父生平喜蓄書，又喜輒表章先哲，遍尋其詩，得二百一十首。崇禎庚午歲，命予手錄藏之。嘻，用心亦勤矣。迄今三十八載，予藏書樓圮爲牧馬之場，失屋遷徙，亦散失過半，幸此本尚珍笥中。……

第五節　朱睦㮮《萬卷堂書目》

　　《萬卷堂書目》又名《萬卷堂藝文目》、《萬卷堂家藏藝文目》、《萬卷堂藏書目錄》、《朱西亭王孫萬卷堂藏藝文目》等。該目版本眾多，各本的分卷、載錄數量皆不同。朱睦㮮有《萬卷堂家藏藝文自記》一則，稱書目總 36 類，著錄藏書 4310 部 42750 卷。

　　筆者據葉氏《觀古堂叢刊》本《萬卷堂書目》統計後發現，不僅《自記》所言之類數、部數與該本所載不符，而其所言之類名亦與該本正文所用之類名不符。這是因爲《自記》作於隆慶四年（1570），其後朱睦㮮與子勤美仍繼續搜集書籍，並陸續補充進書目之中。

　　《萬卷堂書目》版本雖眾，然「官庫未收，亦未入《存目》」〔註 151〕，

〔註151〕葉德輝：《刊〈萬卷堂書目〉序》，《萬卷堂書目》，《觀古堂叢刊》本。

在葉德輝觀古堂本付梓之前，該目全憑抄本流傳。傳抄時的篡改或者也是造成各版本著錄體例不一的原因。本文將從《萬卷堂書目》的作者、成書、版本、著錄、分類等方面展開探討，並對《萬卷堂書目》與《聚樂堂藝文目錄》的關係作大致的交代。

一、《萬卷堂書目》的作者朱睦㮮

　　朱睦㮮字灌甫，號西亭，明周藩鎮平恭靖王四世孫，封鎮國中尉。萬曆五年（1577）舉文行卓異，爲周藩宗正。學界對朱睦㮮的生卒年存有爭議，據王興亞考證，睦㮮生於正德十二年（1517），卒於萬曆十四年（1588），享年七十歲〔註152〕。

　　朱勤美，字伯榮，睦㮮子，亦爲周藩宗正，「以文學世其家」〔註153〕。

　　《萬卷堂書目》爲西亭中尉朱睦㮮及朱勤美共同編撰的私家藏書目錄。《清續文獻通考》著錄爲「《萬卷堂書目》四卷，明朱睦㮮」，《絳雲樓書目》著錄爲「《萬卷堂書目》，睦㮮」，《八千卷樓書目》著錄爲「《萬卷堂書目》一卷，明朱睦㮮撰，抄本」，《明史》著錄爲「《西亭中尉萬卷堂書目》十六卷，朱勤美編」，則該目應爲朱睦㮮編撰後，其子勤美又有續補。

　　朱睦㮮性喜藏書且才學廣博，於宅西築萬卷堂以儲書。「有明宗室工文藝者，莫多於隆萬，而灌甫宗正爲之最」〔註154〕，「益訪購古書圖籍，得江都葛氏、章丘李氏書萬卷，丹鉛歷然，論者以方漢之劉向」〔註155〕。朱彝尊引愚山語云：「先是海內藏書富者，推江都郭氏，章丘李氏，灌甫傾資購之」〔註156〕。《萬卷堂家藏藝文自記》盡述其聚書事：「余垂髫時即喜收書，然無四方之緣，不能多見多致。大梁又自金元以來屢經兵燹，藏書之家甚少，即有，亦皆近代之刻，求唐以前則希矣。間或假之中吳、兩浙、東郡、耀州、澶淵、應山諸處，或寫錄、或補綴、蓋亦有年，所得僅此，信積書之難也。」可見其聚書之勤苦。《明史·列傳第四》記朱睦㮮生平，雍正 13 年《河南通志》

〔註152〕王興亞：《朱睦㮮藏書及著述》，《河南圖書館學刊》，1989 年第 2 期。
〔註153〕（清）永瑢：《四庫全書總目》卷八三《王國典禮》，北京：中華書局，1965年。
〔註154〕《萬卷堂書目》前佚名序，《觀古堂書目叢刊》本。
〔註155〕（清）張廷玉：《明史》卷一百十六《列傳第四》，北京：中華書局，1974 年。
〔註156〕（清）朱彝尊：《靜志居詩話》卷一，清嘉慶扶荔山房刻本。

卷 62 有《朱睦㮮傳》，光緒 24 年《祥符縣志》卷 19《經籍志》載其著述，可供參考。

明代藩府治學多集中於子、集二部，而周藩獨擅經史。周定王橚「好學，能詞賦」〔註157〕；鎮平王有爌「嗜學，工詩，作《道統論》數萬言。又採歷代公族賢者，自夏五子迄元太子眞金百餘人，作《賢王傳》若干卷」〔註158〕；睦㮮父奉國將軍安河「於學尤博」，「以孝行聞於朝」〔註159〕。良好家庭傳統培養了朱睦㮮對經史之學的興趣，其交遊亦多爲一時大儒。「被服儒素，覃精經學。從河、洛間宿儒遊。年二十五通五經，尤邃於《易》、《春秋》」，「呂柟嘗與論易，歎服而去」〔註160〕，《藩獻記》亦稱其「博洽文雅，好著述，尤深於經」〔註161〕。朱睦㮮撰有《五經稽疑》、《授經圖》等經學著作，其藏書中的經部書籍亦爲人所重，「孫北海少宰初令祥符，猶就其第抄經注二百餘冊，載歸京師」〔註162〕。

朱睦㮮藏書之餘亦多著述。其著作目前可知者有《中州文獻志》、《皇朝中州人物考》、《經序錄》、《授經圖》等二十四種（按：陳清慧《明代藩府刻書研究》有「明代藩府著述考」，可供參考）。睦㮮又喜校刊。「隆慶庚午秋日，余多暇，值積雨初霽，命童出曝。因取而觀其內，或有丹鉛圈點，或有校勘題評，平生心跡，歷歷在目，亦足以自鏡矣」〔註163〕。其手校之書有唐李鼎祚《周易集解》十七卷、唐邢璹《略例注》一卷、宋張洽《春秋集注》十一卷等。

萬曆庚戌（1610）謝肇淛《五雜俎》記載了朱睦㮮身過之後萬卷堂的情況：

> 今天下藏書之家寥寥可數矣，王孫則開封睦㮮、南昌鬱儀兩家而已。開封有《萬卷堂書目》，庚戌夏，余託友人謝於楚至其所抄一二種皆不可得，豈私之耶？於楚言其書多在後殿，人不得見，亦無

〔註157〕 （清）張廷玉：《明史》卷一百十六《列傳第四》，北京：中華書局，1974年。
〔註158〕 （清）張廷玉：《明史》卷一百十六《列傳第四》，北京：中華書局，1974年。
〔註159〕 （清）張廷玉：《明史》卷一百十六《列傳第四》，北京：中華書局，1974年。
〔註160〕 （清）張廷玉：《明史》卷一百十六《列傳第四》，北京：中華書局，1974年。
〔註161〕 （明）朱謀㙔：《藩獻記》卷之一，抱經堂書局本。
〔註162〕 《萬卷堂書目》前佚名序，《觀古堂書目叢刊》本。
〔註163〕 （明）朱睦㮮：《萬卷堂家藏藝文自記》，《萬卷堂書目》卷首，《觀古堂叢刊》本。

守藏之吏，塵垢汗漫，漸且零落矣。〔註164〕

其時朱睦㮮已去世多年，所聚之書亦不爲後人珍重。崇禎壬午（1642）「賊決河隄，書堂付之巨浸，徒其目存耳」〔註165〕。

二、《萬卷堂書目》的版本

稱《萬卷堂書目》者：

（一）清正文齋抄本。不分卷，張樂題記，臺圖。

（二）清遲雲樓抄本。不分卷，南京。

（三）清抄本。不分卷，清華，故宮，南京（呂景端跋）。

（四）清光緒二十九年（1874）葉德輝刻本。四卷。《觀古堂書目叢刊》、《觀古堂所刊書》據以影印。

（五）清宣統二年（1910）上虞羅氏刻舊抄本。四卷。《玉簡齋叢書》之一。國圖，中科院，湖北。

（六）民國二十四年長沙中國古書刻印社匯印本，四卷。《郋園先生全書》之一。國圖，北大，上海，復旦，哈爾濱，南京，浙江，武大，川大。

（七）長興王氏仁壽堂抄本。四卷，浙江。

稱《萬卷堂藝文目錄》者：

（一）清道光六年（1826）劉氏味經書屋抄本。二卷，一冊。十行，黑口，左右雙邊。國圖。該本前有劉喜海跋，稱道光六年（1826）道經武林時自汪小米振綺堂處抄得此本。又於道光七年（1827）將該本與謝寶樹所藏之查氏隱書樓抄本相校，二本互有詳略。此本前多出朱睦㮮自記一則，每卷詳載卷數、撰人姓名。則該目又有查氏隱書樓抄本者，前無朱氏自記，不知今存何處。

（二）《千墨菴叢書》之一。十卷。稿本，復旦。清抄本，傅斯年圖。舊抄本，中央研究院史語所。

稱《萬卷堂家藏藝文目》者：

（一）清抄本。不分卷。清汪士驤校並跋，清丁丙跋。南京。

（二）清咸豐四年（1854）仁和勞氏丹鉛精舍抄本。不分卷。臺圖。

〔註164〕（明）謝肇淛：《五雜俎》，第274頁，北京：中華書局，1959年。

〔註165〕《萬卷堂書目》前佚名序，《觀古堂書目叢刊》本。

稱《朱西亭王孫萬卷堂藏藝文目》者：

清明辨齋抄本。五卷。臺圖。

稱《萬卷堂藏書目錄》者：

舊抄本。不分卷，四冊。中央研究院史語所。

汪璐輯《藏書題識》著錄：

《萬卷堂家藏藝文目》一冊。明宗室睦㮹撰。自號東陂居士。

曹溶墨筆題詞曰：有明宗室，工藝文者，莫多於隆、萬，而灌甫宗
正爲之最。考其持躬謹潔，多門內之行。蒙敕獎風諸藩。今觀其書
目，部分完整，卷逾數萬。所嗜在此，故能劃削豪習，與古作者並
馳也。孫北海少宰初令祥符，獨就其第，抄經注二百餘冊，載歸京
師。崇禎壬子，賊決河堤，書堂付之巨浸，徒有其目存耳。予因慨
太平難見，以二百七十年金甌無缺，而自楊文貞葺《文淵閣書目》
外，未嘗一遣求書之使，設校讎之官，亦當時之缺典也。道不終衰，
固宜有若灌甫者出任其責。然灌甫竭一生心力所致止於斯，異書尤
不謂盡出。今之號爲藏書者，不過斥金帛有餘，羅市肆所習見。吾
知聖賢典籍，其不至漸漸滅者，亦倖焉而已。倦叟記〔註166〕。

又載：

《聚樂堂藝文目錄》四冊。

不著姓名。朱彝尊跋曰：此係西亭王孫著錄。王孫嘗刊李鼎祚
《周易集解》，每翻刊「聚樂堂」名。世所傳《萬卷堂書目》都無卷
數，不若此本之該備也。康熙丁丑日北至，竹垞老人識〔註167〕。

《虞山錢遵王藏書目錄彙編》著錄：

周藩《萬卷堂書目》四卷〔註168〕。

此處的「周藩」即指周藩宗正朱睦㮹。

三、《萬卷堂書目》的編纂體例

〔註166〕（清）汪璐輯：《藏書題識‧華延年室題跋‧雁影齋題跋》，第46頁，上海：
上海古籍出版社，2009年。

〔註167〕（清）汪璐輯：《藏書題識‧華延年室題跋‧雁影齋題跋》，第47頁，上海：
上海古籍出版社，2009年。

〔註168〕（清）錢曾著，瞿鳳起編：《虞山錢遵王藏書目錄彙編》第三卷《史部總目》，
上海：古典文學出版社，1958年。

　　葉德輝《觀古堂叢刊》本前有明隆慶四年（1570）朱睦㮮《萬卷堂家藏藝文自記》、光緒二十九年（1903）葉德輝《刊〈萬卷堂書目〉序》，又有佚名序文一則，可藉以瞭解朱睦㮮藏書、編目的情由以及《萬卷堂書目》成書的大致情況。《萬卷堂書目》原本不分卷，葉本「就四部分爲四卷」，設 39 類，著錄書籍 3993 部。經部分 11 類，著錄 623 部。史部分 13 類，著錄 1142 部。子部分 8 類，著錄 1002 部。集部分 7 類，著錄 1226 部。其中別集下又分爲漢魏六朝、唐、宋、元、明 5 類，是爲二級類目。《萬卷堂書目》的一級類目以書籍內容性質爲分類依據，二級類目則以年代爲歸類依據。這種做法既照顧到了書目的整體統一，又照顧到了集部文獻的特殊性，規整而靈活。該目著錄書名、卷冊數，間記作者姓名。如「《北堂書抄》一百六十卷，虞世南」、「《金川玉屑集》二冊」、「《滄海遺珠》十冊，吳相」等。

　　《萬卷堂書目》的具體類目設置及著錄數量詳見下表：

部　　類	二級類目	總　　計
易經 115		
書經 49		
詩經 26		
春秋 88		
禮 95		11 類 623 部
樂 40		
孝經 5		
論語 8		
孟子 3		
經解 84		
小學 110		
正史 22		
編年 45		
雜史 51		
史評 30		13 類 1142 部
起居注 94		
奏議 133		

部　類	二級類目	總　計
官制 34		
儀注 13		
法家 26		
譜傳 162		
書目 53		
地志 177		
雜志 302		
儒家 207		
道家 136		
釋家 75		
農家 21		8 類 1002 部
兵家 41		
醫家 273		
小說家 126		
五行家 123		
楚辭 3		
別集 926	漢魏六朝 16	
	唐 27	
	宋 96	
	元 68	
	明 719	7 類 1226 部
女史 12		
總集 109		
雜文 101		
類書 35		
宗室 40		
39 類	3993 部	總　計

四、《萬卷堂書目》的著錄特色

（一）《萬卷堂書目》對各家書目的著錄

　　《萬卷堂書目》專設「書目」類，著錄古今各家書目 53 種。其中如《徽

府集書文冊》（按：或爲《徽府書目》）、《周府書目》、《玄白堂書目》、《水東書目》、《習靜堂井內齋書目》、《濬川倚山書目》、《瑩庵家藏書目》、《章三洲書目》、《臨穎賈氏家藏書目》、《吳氏書目摘要》、《書目總記》、《東明書目》、《及齋書目》、《惇好樓書目》、《吳郡未至書目》、《芝山書目》、《古經解目》、《張兔園書目》、《布政書目》、《和南縣志》、《沈倚山書目》、《袁懷雪書目》、《河東書目》、《舒古堂書目》、《新齋書目》、《愚齋家藏書目》、《劉氏文房書目》、《靜樂堂書目》、《沈竹東書目》、《新齋書目》、《洪子美書目》、《江西書目》者，書目早已亡佚不存，亦不見於他家著錄，唯憑《萬卷堂書目》乃爲世人所知，而於藏書史、目錄學史中佔有一席之地。後世的一些重要研究成果，如張雷老師《明代私家藏書目錄考略》、范鳳書《中國私家藏書史》、倪士毅《中國古代目錄學史》、袁慶述《版本目錄學研究》、王國強《明代目錄學研究》等，亦多受惠於《萬卷堂書目》的記載。

其中，《洪子美書目》、《徽府書目》、《衡府書目》三種爲洪楩編著〔註169〕。洪楩字美蔭，正德間杭州名士，著名藏書家、出版家。洪楩在其祖父洪鐘「兩峰書院」基礎上加以擴充，稱「三瑞堂」以貯藏書。其家藏有「書海」之稱，數量極大。又建「清平山堂」刻書坊，所校刻者多宋元珍善舊本，最爲有名者爲《清平山堂話本》，即《六十家小說》，保存了宋元明話本小說六十種，對後世的文學創作產生了巨大的影響。

《吳氏書目》者，陳振孫《直齋書錄解題》稱「《吳氏書目》一卷。奉議郎漳浦吳與可權家藏」〔註170〕。尤袤《遂初堂書目》稱「《鄱陽吳氏書目》」〔註171〕。鄭樵《通志·藝文略》稱「《漳浦吳氏藏書目》，四卷。吳興」〔註172〕。白金《北宋目錄學研究》對該目有所考證，認爲「吳興」當爲「吳與」之訛，《鄱陽吳氏書目》或當即爲《漳浦吳氏書目》〔註173〕。《愚齋家藏書目》爲元德清林靜所編。林靜字子山，號愚齋，有《愚齋集》。《嵩渚醫書目》者，黃

〔註169〕按：倪士毅：《中國古代目錄學史》、袁慶述《版本目錄學研究》皆稱爲洪楩書目，然皆未標注來歷，暫不可考。《中國古代目錄學史》第253頁，杭州：杭州大學出版社，1998年。《版本目錄學研究》第231頁，長沙：湖南師範大學出版社，2003年。

〔註170〕（宋）陳振孫：《直齋書錄解題》卷八，清武英殿聚珍版叢書本。

〔註171〕（宋）尤袤：《遂初堂書目》，清《海山仙館叢書》本。

〔註172〕（宋）鄭樵：《通志》卷六十六《藝文略第四》，清文淵閣《四庫全書》本。

〔註173〕按：參見白金：《北宋目錄學研究》第119、120頁，北京：人民出版社，2014年。

虞稷《千頃堂書目》、《明史》亦載，皆稱《李嵩渚醫書目》四卷，爲正德間李濂所撰的醫學專科書目，後失傳。李濂另有《醫史》十卷，又有《李嵩渚集》，影響較大。玄白堂爲嘉靖間梅鼎祚自號，《玄白堂書目》即爲梅氏家藏書目。永樂間吉水宋子環號瑩菴，官至梁王府長史，《瑩菴家藏書目》爲其家藏書目。《東明書目》是爲四明范氏所編。章三洲當爲嘉靖時人，與王愼中交遊。後者有《與章三洲書》，是爲致友人的信函，較有特色。《臨潁賈氏家藏書目》爲臨潁賈詠的家藏書目。《萬卷堂書目》之外，焦竑《國史經籍志》、黃虞稷《千頃堂書目》皆著錄該目。《芝山書目》者，駱兆平考證爲成化間鄞縣楊茂清號芝山的家藏書目〔註174〕。《和南縣志》今不可考，《萬卷堂書目》收錄者，很可能爲《和南縣志》藝文志的單行本。

明人馮夢禎《快雪堂日記》提及舒古堂其人，稱「（戊子二月）初七日，……舒古堂來，得張梅村書。留舒老宿。舒，七十四歲而無子，市書、畜古玩，逐利不休。欲與余刊《二十一史》，板以《宋書》、《北魏》爲始。老人可畏哉！」〔註175〕。馮夢禎爲萬曆間人士，據此所載，戊子（1588）間舒古堂已七十四歲。舒古堂既爲販賣書籍、古玩以逐利之人，則《舒古堂書目》自爲書賈書目。

明人李東陽《崇經閣記》稱「崇經閣者，岍山書院藏書之閣也。院在陝之隴州。隴人靜樂閣先生爲教官，素喜積書。及致事，居城西五里許，建靜樂堂，藏其書以教學者。先生既謝世，其子光甫爲吏部考功郎中，時欲成父志，置所未備書復萬餘卷。季子參甫爲監察御史，亦積書以益之，於是經書子史皆備。光甫以河南參政致事歸，乃即堂之故址爲書院……堂之後斯閣建焉。……先生諱璿，宣德乙卯舉人……」〔註176〕。則《靜樂堂書目》當爲隴人閆璿的藏書目錄。靜樂堂爲閆氏藏書堂，後擴爲岍山書院，書院藏書樓號崇經閣。

《沈竹東書目》爲正德間松江人沈麟（字竹東）的家藏書目。其人事蹟見載於明刻本李開先《李中麓閒居集・詩》卷四，可供參考。稱《江西書目》者，日本長澤規矩也《中國版本目錄學書籍解題》稱有江西書局刊本，爲《廣

〔註174〕按：參見駱兆平：《書城瑣記》第261頁，上海：上海古籍出版社，2000年。
〔註175〕（明）馮夢禎撰，丁小明點校：《快雪堂日記》，第11頁，南京：鳳凰出版社，2010年。
〔註176〕（明）李東陽：《崇經閣記》，《隴縣志》，第980頁，西安：陝西人民出版社，1993年。按：李東陽《懷麓堂集》（清文淵閣《四庫全書》本）卷六十五《文後稿五》內亦有《岍山書院崇經閣記》，與《隴縣志》所載之《記》文字有所增減，當爲李氏收入文集時改動。《隴縣志》所收當爲該《記》原貌。

西存書總目》（清光緒十六年廣西桂垣書局刊本）之一。《萬卷堂書目》所載不知何書。

《水東書目》、《沈倚山書目》、《濬川倚山書目》爲葉盛所編〔註 177〕。葉盛藏書稱雄當時，有《籙竹堂書目》、《水東書目》等家藏書目。其書目今多不存，唯《籙竹堂書目》有眞僞兩本存世。張雷老師《明代私家藏書目錄考略》對該目有所介紹，並另有專文辨其眞僞〔註 178〕，可供參考。又有失傳的李濂《嵩渚醫書目》，爲殷仲春《醫藏書目》之外的明代另一部醫學專科目錄。

（二）《萬卷堂書目》的其他著錄特色

其一，《萬卷堂書目》著錄有大量的志書。《萬卷堂書目》「地志」類收書 177 種、「雜志」類收書 302 種，反映出明代重視志書修撰的傳統與風氣。朱睦㮮本人即修纂有《中州人物志》、《中州文獻志》、《河南通志》等，並參與編撰了萬曆年間的《開封府志》並爲之作序。（萬曆）《開封府志》是現存最早、最完整的方志，睦㮮著述之功甚偉。

其二，《萬卷堂書目》收錄大量醫書。明代藩府具有重視醫籍的傳統。從經世濟民而言，范仲淹有「不爲良相，便爲良醫」的說法〔註 179〕，是爲儒家「達則兼濟天下，窮則獨善其身」的表現之一。藩府成員被剝奪了出入廟堂、兼濟天下的權利，轉而通過撰刻醫書的形式來完成救民濟世的心願。從其自身而言，養生保健亦是極爲皇室看重的傳統。從專業性來看，朝廷在各府中皆配有「良醫所」，若王府良醫遇缺，還可從太醫院推舉醫士送吏部選用〔註180〕，更可自行聘任，故而各府名醫雲集，成爲校刻醫書的人才保證。藩王自身亦多有長於醫術者，以周定王橚最爲著名。其「以國土夷曠，庶草蕃廡，考覈其可佐飢饉者四百餘種，繪圖疏之」〔註181〕，撰成的《救荒本草》一書爲大醫學家李時珍盛讚，並成爲《本草綱目》的重要引用書目。《萬卷堂書目》「醫家」類收錄醫籍 273 部，「書目」類又有李濂《嵩渚醫書目》，便是重視醫籍的風氣於藏書中的體現。

〔註 177〕按：參見袁慶述：《版本目錄學研究》第 231 頁。其所據爲何尚不可知。長沙：湖南師範大學出版社，2003 年。

〔註 178〕按：參見《江蘇圖書館學報》，1998.03。

〔註 179〕（宋）吳曾：《能改齋漫錄》卷十三《文正公願爲良醫》，北京：中華書局，1960 年。

〔註 180〕按：《大明會典》卷十：「凡各王府良醫員缺，從本院推舉醫士，送吏部選用。」

〔註 181〕（清）張廷玉：《明史》卷一百十六《列傳第四》，北京：中華書局，1974 年。

其三，《萬卷堂書目》收錄大量理學書籍。萬曆五年（1577）睦㮮始領宗學，「約宗生以三、六、九日午前講易、詩、書，午後講春秋、禮記，雖盛寒暑不輟」〔註182〕。「宗學教訓專重德行」〔註183〕，《萬卷堂書目》「儒家類」收書207種，大多是宋明諸家性理之書，可見朱睦㮮對宗學教育的重視。

其四，《萬卷堂書目》收錄大量明人別集。《萬卷堂書目》收錄明人別集719部，加之「宗室」類的40部，總數多達759部，而《四庫全書總目》所收明人別集也不過981部。這既有當代人文集相對而言便於搜集的原因在內，亦體現出朱睦㮮對當代作品的重視。此外，「起居注」、「奏議」、「譜傳」類書籍為數不少，可知朱睦㮮身為周藩宗正，雖遠離廟堂，然並非不聞朝政。「釋家」、「道家」與「儒家」並列，特設「女史」類著錄婦女著作、設「宗室」類著錄宗室著作，將「類書」歸於集部等舉措，皆反映出明代書目編纂不拘傳統、勇於創新的風氣。「小說家」類僅收錄了部分名家志怪、筆記等，未收錄通俗小說，這也是明代書目的普遍做法。

朱睦㮮自稱收書「無四方之緣，不能多見多致。大梁又自金元以來，屢經兵燹，藏書之家甚少。即有，亦皆近代之刻，求唐以前則稀矣」〔註184〕。此言雖有謙意，但也大致反映出其藏書的特色，即多明代人、當地人作品。《萬卷堂書目》保存的大量明代文獻中多有不見於別家著錄者，是後人研究明代藏書史、文化史的重要參考資料。而其對大梁當地著作的收錄，亦是研究地域文化的重要史料。

五、《萬卷堂書目》與《聚樂堂藝文目》的關係

余嘉錫先生作《〈聚樂堂藝文目錄〉考》，稱於桃源某生處得殘本明刻舊抄《聚樂堂藝文目錄》二冊，不著撰人名氏，考以朱彝尊《靜志居詩話》所載之言，知為明人朱睦㮮所作。然該書「自經部外與《萬卷堂》分類皆不同，而溢出之數至一千零二十九部之多。取兩書相校，每類著錄次第亦復不合，其為判然二書彰明較著如此」〔註185〕。余嘉錫先生認為，之所以前代目錄大家若蔣氏（按：蔣光煦《東湖雜記》）、邵氏（按：邵懿辰《四庫簡明目錄標注》）、葉氏（按：葉德輝《萬卷堂書目序》）者，或認為此二書為一部，或存

〔註182〕（清）張廷玉：《明史》卷一百十六《列傳第四》，北京：中華書局，1974年。
〔註183〕（明）朱勤美：《王國典禮》卷七《宗學》，明刻增修本。
〔註184〕（清）丁丙：《善本書室藏書志》卷十四，清光緒刻本。
〔註185〕余嘉錫：《〈聚樂堂藝文目錄〉考》，《圖書館學季刊》，1927年第3期。

疑而不敢確言者，皆因《聚樂堂藝文目錄》久不傳於世，惟見載於《靜志居詩話》與《振綺堂書目》耳。其後各家得見此書者，又因其所著錄之卷數、撰人與朱彝尊所言相異，故而誤以二書爲一本。該書溢出《萬卷堂書目》之書數量較多，或爲睦㭬子勤美所補入。該書類目與《萬卷堂書目》互有得失，而著錄明人著作較《萬卷堂書目》尤備，於目錄之學大有裨益。

附錄1：《聚樂堂藝文目錄》現存之版本

　　《聚樂堂藝文目錄》，又名《聚樂堂藝文目錄》、《聚樂堂藝文志》等。

（一）稿本。不分卷。南京。

（二）鐵如意館抄本。不分卷。浙江。

（三）清嘉慶七年（1802）黃氏士禮居抄本。黃丕烈校並跋。十一行，無格。
　　　六卷，一冊。國圖。

（四）清抄本。余嘉錫校注並跋。六卷。國圖。

（五）清道光六年（1826）劉氏味經書屋抄本。劉喜海跋。十行，細黑口，
　　　四周單邊。十七卷，一冊。國圖。

（六）清抄本。徐時棟題記。十七卷。傅斯年圖。

（七）藍欄舊抄本。徐時棟手書題記。十卷，三冊。中央研究院史語所。

附錄2：各家對《聚樂堂藝文目錄》的著錄

　　朱彝尊《靜志居詩話》：

　　　　　朱睦㭬。字灌甫，號西亭，周定王六世孫，萬曆初舉宗正，有
　　《陂上集》。西亭以好客聞，藏書爲海內第一。世所傳《萬卷堂書目》
　　不列卷數、撰人，非故籍也。予家藏有《聚樂堂藝文志》四冊，俱
　　詳列卷數撰人，係陂上抄本。〔註186〕

蔣光煦《東湖雜記》：

　　　　　管君芷湘從禾中汪氏抄得《萬卷堂藝文目》八卷見遺。汪益得
　　於京師廟市，係明人舊抄本。芷湘謂竹垞老人家藏有《聚樂堂藝文
　　志》，詳列卷數、撰人，此書疑即《聚樂》之目。前有西亭宗正自序。

　　〔註187〕

〔註186〕（清）朱彝尊：《靜志居詩話》卷一，清嘉慶扶荔山房刻本。

〔註187〕（清）蔣光煦：《東湖雜記》卷五，清光緒九年（1883）繆氏刻《雲自在龕叢書》本。

葉德輝《萬卷堂書目序》：

> ……陳景雲注《絳雲樓書目》，於此目下注云：六卷，凡一萬二
> 千五百六十卷。……今按此本後序，卷數與陳注同，而其分經史子
> 集爲四部，又詳載卷數、撰人，則與朱氏所云同。惟名稱《萬卷堂》
> 而通連四部爲一冊，則與朱雲《聚樂堂藝文志》及陳雲六卷者異，
> 殆別又一傳本與。〔註188〕

邵懿辰《增訂四庫簡明目錄標注》：

> 《萬卷堂書目》六卷，明朱睦㮮撰，又名《聚樂堂藝文目錄》。
> 振綺堂有抄本四冊。〔註189〕

周貞亮、李之鼎《書目舉要》：

> 《萬卷堂書目》四卷，又名《聚樂堂藝文目錄》，汪氏振綺堂有
> 抄本四冊，見邵目。又有《萬卷堂藝文目》八卷，見蔣氏《東湖雜
> 記》。江南局藏《萬卷堂藝文記》一卷。〔註190〕

第六節　王道明《笠澤堂書目》

　　《笠澤堂書目》是明末清初藏書家王道明校理其父王繼賢藏書時編成的
一部家藏書目。該目未曾付梓，2003 年影印之前僅以抄本存世，流傳未廣，
不爲世人瞭解。且該目各抄本皆未著撰者，而《詒莊樓書目》、《四庫存目》、
《明代版刻綜錄》等對其作者名姓朝代的介紹均有牴牾，有待深究。

　　張長華先生開《笠澤堂書目》研究之先河，於《笠澤堂書目跋》中指出
該目的編纂者當爲明人王道明。張雷老師有《〈笠澤堂書目〉的「發現」及其
價值》一文，以山東大學圖書館藏民國鈔本爲考察對象，對該目的發現過程
以及作者、編纂、體例、所收秘本等情況做了較爲詳細、全面的介紹，亦將
其作者暫定爲王道明。王天然《〈笠澤堂書目〉撰人小識》一文則對該目在大
陸所存的四種抄本做了大致的對比介紹，並發現了王繼賢乃《詒莊樓書目》
編撰者王修七世祖的重要事實，認爲王修對王氏家族的情況非常熟悉，稱「清
王道隆」當有其依據。以上三種彌補了《笠澤堂書目》研究史的空白，也是

〔註188〕 葉德輝：《萬卷堂書目序》，《萬卷堂書目》，《觀古堂叢刊》本。
〔註189〕 （清）邵懿辰：《增訂四庫簡明目錄標注》，上海：上海古籍出版社，1959 年。
〔註190〕 周貞亮、李之鼎：《書目舉要》，《近代中國史料叢刊續編》第 561 頁，臺灣：
　　　　文海出版社。

本書的重要參考資料。

　　對於文中涉及到的前人的研究結果，本書皆一一備註，不敢掠美。前人研究既備，本書在其基礎上，對名「王道隆」者做了簡要考述，並對山大所藏《笠澤堂書目》中著錄有失之處略為點明，以供參考。

一、《笠澤堂書目》的作者為王繼賢之子

　　《笠澤堂書目》「道家」類《古蒙莊子》下稱「家大人在蒙任時所刻」。《明代版刻綜錄》載《古蒙莊子校釋》四卷，「明萬曆三十九年王繼賢蒙城縣學刊。王繼賢，字若弓，號笠雲，長興縣人。萬曆二十九年進士，有《笠澤堂文集》」〔註191〕。

　　《千頃堂書目》載：

　　　　王繼賢《笠澤堂文集》。字弓若，宜興人。〔註192〕

（雍正）《浙江通志》載：

　　　　《笠澤堂文集》。《長興縣志》。王繼賢著，字弓若。〔註193〕

又查（同治）《長興縣志》：

　　　　王繼賢，字引若，號笠雲。萬曆二十九年進士，歷武昌、晉江、
　　　　蒙城知縣。……卒祀鄉賢。晉江、蒙城兩邑祀名宦。《張志》。

　　　　王道明，字□□，繼賢子。……〔註194〕

由此可知兩點。其一，《笠澤堂書目》的編寫者為王繼賢之子無疑。中華書局《宋元明清書目題跋叢刊·影印說明》稱（同治）《長興縣志》記繼賢兩子，一名道明，一名道隆（按：筆者未見（同治）《長興縣志》對王道隆的記載，張雷老師《〈笠澤堂書目〉的「發現」及其價值》一文亦稱「《長興縣志》只載王繼賢及王道明傳」。此處存疑）。則難以判定編目者究竟為誰。其二，依縣志所載，則繼賢為長興人無疑。該目作者既為繼賢子，則自當為長興人，且當生活於明末清初。《千頃堂書目》稱「宜興」者，當為「長興」之誤。

　　《四庫存目》載《吳興名賢續錄》六卷（按：江蘇巡撫採進本），謂「明

〔註191〕按：參見張長華：《〈笠澤堂書目〉跋》，《津圖學刊》，1987年第3期，第57
　　　　　　頁。
〔註192〕（清）黃虞稷：《千頃堂書目》卷二十六，清文淵閣《四庫全書》本。
〔註193〕（清）嵇曾筠：（雍正）《浙江通志》卷二百五十一，上海：上海古籍出版社，
　　　　　　1991年。
〔註194〕（同治）《長興縣志》卷二十三《人物》，上海：上海人民出版社，1992年。

王道隆撰。道隆字客山，烏程人」〔註195〕。《江蘇省第一次書目》載「《吳興名賢續錄》三本」。《江蘇采輯遺書目錄》載「《吳興名賢續錄》六卷，明烏程王道隆著。刊本」〔註196〕。烏程即長興，則此「道隆」爲王繼賢鄉人。

查《吳興名賢續錄》一書最早見載於焦竑《國史經籍志》「《吳興名賢續錄》六卷。王道隆」〔註197〕。則此道隆當活動於萬曆中期之前。而王繼賢爲萬曆二十九年（1601）進士，若眞有子名「道隆」者，似亦不當爲撰《吳興名賢續錄》之人。

胡玉縉《續四庫提要三種》載《菰城文獻考》二十一卷，稱「明王道隆撰。道隆有《吳興名賢續錄》，《四庫》列《存目》」〔註198〕，又稱該書之前有隆慶六年（1572）王道隆自序。則此道隆非繼賢子確矣。

二、《笠澤堂書目》的版本與編纂體例

1. 民國間抄本。半頁十行，四周單邊，白口，單魚尾。六冊，未署編者姓名。張鏡夫千目廬舊藏，現存於山東大學圖書館。《明清藏書目三種》、《宋元明清書目題跋叢刊》據以影印。

2. 抄本，北京大學圖書館。

3. 抄本，不分卷，四冊。南京圖書館。

4. 清末民國間稿抄本，不分卷，浙江圖書館〔註199〕。

《詒莊樓書目》稱《笠澤堂書目》「分類，且略加排比，似非賬冊」〔註200〕。

山東大學圖書館藏稿本《笠澤堂書目》依經、史、子、集四部排列，惟經部、集部標有「經」、「集」的字樣，史部、子部未標注部名。各部之下詳分細目，著錄書名冊數，間或著錄年代、作者，偶記版本，不作解題。總著錄書籍 38 類 2297 種〔註201〕。

《笠澤堂書目》的具體類目設置與著錄數量詳見下表：

〔註195〕（清）永瑢：《四庫全書總目》卷六十一，北京：中華書局，1965 年。

〔註196〕杜澤遜：《四庫存目標注》卷二十，第 842 頁，上海：上海古籍出版社，2007年。

〔註197〕（明）焦竑：《國史經籍志》卷三，北京：中華書局，1985 年。

〔註198〕胡玉縉：《續四庫提要三種》，第 100 頁，上海：上海書店出版社，2002 年。

〔註199〕按：王天然：《〈笠澤堂書目〉撰人小識》稱此本據長興王氏詒莊樓藏本傳抄。

〔註200〕李玉安、黃正雨：《中國藏書家通典》，第 308 頁，香港：中國國際文化出版社，2005 年。

〔註201〕按：分類詳情可參考文末「附錄」部分。

部　　類	二級類目	總　　計
經	易 49	11 類 393 種
	書 40	
	詩 47	
	春秋 51	
	禮 46	
	樂 12	
	孝經 12	
	論語 12	
	孟子 12	
	經解 44	
	小學 68	
（史）	正史 33	9 類 400 種
	編年 39	
	雜史 44	
	史評 22〔註 202〕	
	奏議 47	
	政刑 42	
	譜傳 39	
	簿錄 20	
	方輿 114	
（子）	儒家 76	9 類 625 種
	道家 65	
	釋家 74	
	農事 17	
	兵家 24	
	醫家 101	
	小說家 107	
	五行 35	
	雜家 126	

〔註 202〕按：「史評」類 22 種，後空有 7 行，之後又續接 10 種，爲詩文選集 9 種（內附詩話 1 種），類書 1 種。因其不爲史評類作品，故本文不將其歸入「史評」類。

部　類	二級類目	總　計
集	楚辭 14	9 類 869 種
	漢魏六朝人集 38	
	唐人詩文集 114	
	宋人詩文集 75	
	金元人詩文集 74	
	國朝人詩文集 377	
	總集 79〔註 203〕	
	文史 60	
	詞曲 38	
4 部	38 類 2297 種	總　計〔註 204〕

三、《笠澤堂書目》的著錄特色

　　該本之內有一處歸類失誤的情況，或爲補錄錯頁所致。其「史評」類著錄書籍 22 種，占三個半頁（按：第三個半頁只占前三行，後七行爲空）。其後又有半頁 10 種詩文選集、詩話等插入該類與「奏議」類之間，未設類目。而後文「總集」類中間空有半頁，則前文亂入史部的 10 種當置於此。

　　又有著錄失誤者。《笠澤堂書目》「易」類著錄「《周易舉正》一冊」，稱「范司馬欽著」。按：《周易舉正》爲唐宋時期的易學著作，其自序稱以王輔嗣、韓康伯手注本爲底本以糾當世傳本之謬。該書的作者及成書年代皆無確證詳考。自晁公武后，學者多認爲其乃郭京假託王、韓而以理校法舒己意者。該書爲《范氏二十種奇書》〔註 205〕之一，爲范欽校訂、刻梓者。《笠澤堂書目》此處爲誤判。

　　《笠澤堂書目》標注了四處版本，分別爲李恕刊本《周易旁注》，「仲父手抄本」《潼溪圖說》，「叔父手稿」《攜笈通書》以及抄本《詩式》。其中，《攜笈通書》有萬曆間吳郡人周文華刻本二卷。周文華室名「書帶齋」，《攜笈通書》外，又刻印過自撰的《汝南圃史》12 卷，爲《續修四庫全書》所收。若

〔註 203〕按：「總集」類 79 種，中間空半頁 10 行，疑「史評」類後續之 10 種當錄於此處。
〔註 204〕按：加上「史評」類後的詩文選集 9 種、類書 1 種。
〔註 205〕按：參見《澹生堂藏書目》卷一一《叢書・經之餘》，鑄學齋刻本。

周文華即爲《攜笈通書》的作者，則可知其與王繼賢當爲表親，爲考證氏族宗譜提供了線索。如若反推，則亦可看做考證《笠澤堂書目》作者的另一條線索。有待深究。

在對同名書的處理上，該目以「又一冊」、「又一部」的形式進行著錄，避免了重複著錄書名的繁瑣。如（「子」）部道家類：

《陰符經注》一冊。李銓。又一冊。沈亞夫。又一冊。夏鼎元。

此外，其子部「小說家」類著錄志怪、筆記、文人小說等 107 種〔註206〕，於「雜家」類之內著錄了《藝文類聚》、《太平御覽》、《冊府元龜》、《玉海》、《北堂書抄》等大型類書，《古今說海》、《百川學海》、《說郛》、《廣百川學海》等大型叢書，歸於子部，皆稱穩妥。其「簿錄」類所收的 20 種書目中，《環山樓書目》，《約禮齋書目》、《顧氏書目》、《凌雲閣長物志略》、《長興尊經閣書目》、《徐氏書目》、《丁氏書目》、《萬卷樓書目》、《仰孟堂碑目》幾種或僅見於此目〔註207〕。《徐氏書目》或爲徐𤊩紅雨樓藏書目，惜無確證。

值得指出的是，《笠澤堂書目》重視收錄當代人作品，其中多有明季學者著作，且其中多有不爲《明史・藝文志》所載者。詳可參見張雷老師《〈笠澤堂書目〉的「發現」及其價值》一文，茲不贅述。

〔註206〕按：《中國分體文學學史》稱：「參照《澹生堂藏書目》對『小說』的具體分類，可以看到，《國史經籍志》、《百川書志》、《萬卷堂書目》、《徐氏紅雨樓書目》、《玄賞齋書目》、《脈望館藏書目》、《近古堂書目》、《趙定宇書目》、《笠澤堂書目》這幾部設有『小說』類目的明代書目有一些共同特點：『雜筆』類作品著錄最多，也都或多或少著錄了『記異』、『佳話』類作品。」譚帆、王冉冉、李軍均：《中國分體文學學史・小說卷下》，第 289 頁，太原：山西教育出版社，2013 年。按：其中《玄賞齋書目》爲清人訛託，已有考辨。

〔註207〕按：參見張雷：《〈笠澤堂書目〉的「發現」及其價值》一文。

第四章 明代的史志書目

學界對史志目錄的定義向來持見不一。姚名達《中國目錄學史》、來新夏《古典目錄學淺說》與程千帆、徐有富《校讎廣義・目錄編》等認爲，史志目錄源自正史藝文志，可以將國史目錄、政書目錄及補史目錄包括在內，而類書及方志藝文志則不當以「史」稱之〔註1〕。筆者認爲，《玉海・藝文志》等類書的確不應看做史志但方志確爲志一地之史書，將方志藝文志排除在史志之外則於理不合。故而本文將國史目錄、政書目錄及方志藝文志三類納入史志目錄的範疇，於本章之內分別展開探討。

其中，明代的國史目錄僅有成書於萬曆間焦竑所撰的《國史經籍志》1種，政書目錄有何喬新《訂正馬端臨經籍考》〔註2〕與萬曆間王圻《續文獻通考・經籍考》兩種。何書已佚，現存者亦唯王圻《經籍考》1種。方志藝文志存世的數量較多，約有數十種。

本文以《國史經籍志》、《續文獻通考・經籍考》、（成化）《杭州府志・書籍》、（嘉靖）《浙江通志・藝文志》等爲主要研究對象，試圖窺豹一斑，對明代的史志書目大概作出初步的瞭解。

第一節　焦竑《國史經籍志》

一、《國史經籍志》的作者與版本

焦竑，字弱侯，號漪園，又號澹園、龍洞山農，祖籍日照，生於江寧。

〔註1〕按：參見來新夏、柯平主編：《目錄學讀本》，第 152 頁，上海：上海交通大學出版社，2013 年。

〔註2〕按：參見王國強：《明代目錄學研究》，第 114 頁，鄭州：中州古籍出版社，2000 年。

萬曆十七年（1589）以殿試第一官翰林修撰，官至南京司業。焦竑博覽群書，著述等身，《國史經籍志》外，又有《澹園集》、《焦氏類林》、《焦氏筆乘》、《國朝獻徵錄》、《老子翼》、《莊子翼》等。萬曆四十八年（1620）卒，追諡文端。《明史》有《焦竑傳》，且記其撰修《國史經籍志》事：

> （萬曆）二十二年，大學士陳于陛建議修國史，欲竑專領其事，竑遜謝，乃先撰《經籍志》，其他率無所撰，館亦竟罷。〔註3〕

《國史經籍志》的版本較多，今略做考證如下：

1. 明萬曆三十年（1602）陳汝元函三館刻本。六卷，國圖，上海（清嚴元照跋）。

2. 明徐象橒曼山館刻本。十行二十字，白口，左右雙邊，六卷，九冊。國圖。北大。上海。天津。山東。南京。湖北。重慶（清陶澍宣跋）。

3. 清初木活字印本。徐象橒校刊，梅隱書屋舊藏。十行二十字，白口，左右雙邊。六卷，五冊。國圖。

4. 清曹琰抄本。六卷，三冊，十行，無格，國圖。

5. 清抄本。六卷，五冊，九行黑格，白口，四周單邊，國圖。首都，中科院，浙江，臺圖，中山大學，四川。

6. 清南枝堂抄本。六卷，五冊，十一行二十六字，無格，國圖。

7. 清金俊明抄本。清唐翰題跋，六卷，上海。

8. 清康熙三十五年（1696）抄本。六卷，內有傅增湘跋，山西文物局。

9. 清康熙間抄本。六卷，臺灣。

10. 清盧文弨抄本。六卷，天一閣。

11. 清徐氏梅隱書屋刻本。浙江。

12. 清雍正元年（1723）抄本。正文六卷，補一卷（存卷四至六、補全）。南京。

13. 清道光辛亥（按：即咸豐元年，1851）南海伍氏刻本，《粵雅堂叢書》之一。正文五卷，附錄一卷（按：為《糾謬》，即六卷本系統之「卷六」）。國圖，中科院，北大，天津，上海，復旦，遼寧，甘肅，南京，浙江，湖北，四川，寧夏。《叢書集成初編》、《宋元明清書目題跋叢刊》據以影印。

〔註3〕　（清）張廷玉：《明史》卷二百八十八《文苑傳》，北京：中華書局，1974年。

二、《國史經籍志》的編纂體例

本文以伍氏刻本《國史經籍志》為對象進行討論。該本首列制書，餘依經、史、子、集四部分類，著錄書籍 15655 種。後有附錄，為糾謬前代藝文志 9 則。伍氏刻本前有焦竑序，後有道光間伍崇曜跋。焦竑之序首領全篇，記敘了明代自太祖始重視書籍、歷朝積書盈庫、世風清雅、文教遠播的局面，及其在此背景下傚仿荀勖、將「當代見存之書統於四部，而御製諸書則冠其首」〔註4〕、編纂《國史經籍志》的情況，可看做該目之大序。各類下有小序〔註5〕，是典型的敘錄性書目。

《國史經籍志》無總目，各卷首簡列該卷類目，各類目下又分二級、三級甚至四級類目，皆於上級類目後標注簡目，如：

《國史經籍志》卷一

制書類

御製　中宮御製　敕修　記注時政

御製

《高皇帝文集》二十卷。

該目著錄書名、卷（首、篇）數、書籍的內容、作者、年代、成書方式、附錄內容、存佚等情況，偶將作者置於書名之前合併著錄。如：

易

《徂徠易解》五卷。石守道。

《謙齋詳解》二十卷。李杞。

《國史經籍志》的類目設置及各類著錄數量詳見下表：

部　類	二級類目	三級類目	四級類目	總　計
制書	御製 72			4 類 257 種
	中宮御製 6			
	敕修 77			
	紀注時政 102			

〔註4〕按：關於焦氏所稱「當代見存之書」的問題，前文已做討論。
〔註5〕按：「傳記」類序後有小注，「詩文評（附）」類後無序。

部　　類	二級類目	三級類目	四級類目	總　　計
經	易 14 類 305 種	古易 3		11 類 2005 種
		石經 3		
		章句 5		
		傳注 50		
		集注 19		
		疏義 38		
		論說 127		
		類例 9		
		譜 4		
		考正 5		
		數 13		
		圖 17		
		音 4		
		讖緯 8		
	書 10 類 167 種	石經 5		
		章句 5		
		傳注 65		
		集解 17		
		疏義 41		
		問難 17		
		圖譜 8		
		名數 3		
		音 4		
		緯候 2		
經	詩 10 類 138 種	石經 2		
		故訓 7		
		傳注 32		
		義疏 17		
		問辨 22		
		統說 35		
		名物 5		

部　　類	二級類目	三級類目	四級類目	總　　計
		圖譜 10		
		音 7		
		緯 1		
	春秋 12 類 249 種	石經 4		
		左氏 30		
		公羊 3		
		穀梁 4		
		通解 58		
		詰難 16		
		論說 58		
		條例 25		
		圖譜 26		
		音 12		
		外傳緯 67		
	禮類 5 類 295 種	周禮 48		
		儀禮 30		
		喪服 50		
		二戴禮 114		
		通禮 53		
	樂類 9 類 202 種	樂書 74		
		歌辭 31		
經		曲簿 14		
		聲調 8		
		鍾磬 5		
		管絃 9		
		舞 5		
		鼓吹 4		
		琴 52		
	孝經 7 類 84 種	古文 6		
		傳注 33		
		義疏 22		

部　類	二級類目	三級類目	四級類目	總　計
		考正 3		
		廣義 5		
		音 1		
		緯 14		
	論語 10 類 141 種	古文 2		
		正經 1		
		傳注 56		
		疏義 26		
		辨正 26		
		名氏圖譜 5		
		音釋 2		
		續語 7		
		事紀 12		
		廟典 4		
	孟子 42 種			
	經總解 114 種			
	小學 4 類 268 種	爾雅 51		
		書 110		
經		數 71		
		近世蒙書 36		
史類	正史 11 類 170 種	史記 18		15 類 3226 種
		漢書 32		
		後漢 16		
		三國 12		
		晉 12		
		宋齊梁陳 17		
		後魏北齊後周隋 10		
		唐 7		
		宋 10		
		遼金元 9		
		通史 27		

部　類	二級類目	三級類目	四級類目	總　計
	編年 11 類 208 種	古魏史 1		
		兩漢 15		
		三國 12		
		六朝 30		
		北朝 6		
		隋 3		
		唐 17		
		五代 4		
		宋 20		
		運歷 47		
		紀錄 53		
	霸史 73			
	雜史 9 類 176 種	古雜史 15		
		兩漢 7		
史類		魏晉 4		
		南北朝 11		
		隋 9		
		唐 67		
		五代 21		
		宋 40		
		金元 2		
	起居注 3 類 134 種	起居注 44		
		實錄 61		
		時政記 29		
	故事 83			
	職官 205			
	時令 38			
	食貨 6 類 219 種	貨寶 30		
		器用 33		
		酒茗 32		

部　類	二級類目	三級類目	四級類目	總　計
		食經 41		
		種藝 40		
		斄養 43		
	儀注 21 類 255 種	禮儀 62		
		吉禮 13		
		凶禮 19		
		賓禮 4		
		軍禮 2		
		嘉禮 4		
		封禪 9		
		汾陰 2		
		明堂郊祀社稷釋奠風雨師儀注 23		
史類		陵廟制 6		
		東宮注 7		
		后儀 2		
		王國州縣注 3		
		會朝儀 11		
		耕籍儀 4		
		車服 18		
		（謚）法 12		
		國璽 9		
		家禮祭儀 17		
		射儀 5		
		書儀 23		
	法令 11 類 222 種	律 32		
		令 18		
		格 26		
		式 13		
		敕 24		

部　　類	二級類目	三級類目	四級類目	總　　計
		總類 35		
		古制 14		
		專條 21		
		貢舉 15		
		法守斷獄 186		
	傳記 12 類 510 種	耆舊 70		
		孝友 25		
		忠烈 25		
		名賢 123		
		高隱 19		
		家傳 45		
史類		交遊 8		
		列女 36		
		科第 32		
		名號 15		
		冥異 90		
		祥異 22		
	地理 10 類 622 種	地理 56		
		都城宮苑 74		
		郡邑 164		
		圖經 42		
		方物 23		
		川瀆 42		
		名山洞府 70		
		朝聘 46		
		行役 48		
		蠻夷 57		

部　類	二級類目	三級類目	四級類目	總　計
	譜系 6 類 191 種	帝系 20		
		皇族（戚里附）23		
		總譜 51		
		韻譜 9		
		郡譜 12		
		家譜 76		
	簿錄 4 類 120 種	總目 62		
		家藏總目 32		
		文章目 7		
		經史目 19		
子類	儒家 282			16 類 6511 種
	道家 24 類 1301 種	老子 86		
		莊子 47		
		諸子 50		
		陰符經 44		
		黃庭經 32		
		參同契 26		
		諸經 88		
		傳 98		
		記 29		
		論 53		
		雜著 58		
		吐納 72		
		胎息 25		
		內觀 23		
		導引 20		
		辟穀 8		
		內丹 44		
		外丹 198		

部　　類	二級類目	三級類目	四級類目	總　　計
		金石藥 31		
		服餌 47		
		房中 9		
		修養 73		
		科儀 41		
		符籙 99		
	釋家 9 類 1745 種	經 1047		
		儀 76		
		論 206		
子類		義疏 96		
		語錄 105		
		頌 48		
		雜著 76		
		傳記 77		
		塔寺 14		
	墨家 4			
	名家 18			
	法家 17			
	縱橫家 9			
	雜家 123			
	農家 34			
	小說家 311			
	兵家 5 類 267 種	兵書 114		
		軍律 8		
		營陣 26		
		兵陰陽 109		
		邊策 10		
	天文家 2 類 410 種	天文 7 類 195 種	天象 76	
			天文總占 46	
			天竺國天文 6	
			星占 25	

部　類	二級類目	三級類目	四級類目	總　計
			日月占 18	
			風雲氣候物象占 20	
			寶氣 4	
		曆數 5 類 215 種	正曆 76	
			曆術 54	
子類			七曜曆 29	
			星要 41	
			刻漏 5	
	五行家 29 類 1064 種	易占 112		
		易軌革 11		
		筮占 11		
		龜卜 24		
		射覆 7		
		占夢 8		
		風角 21		
		烏情 8		
		逆刺 4		
		遯甲 73		
		太一 50		
		九宮 17		
		六壬 88		
		式經 22		
		陰陽 71		
		元辰 17		
		三命 131		
		相法 80		
		相笏 6		
		相印 2		
		相字 3		
		堪餘 11		

部　類	二級類目	三級類目	四級類目	總　計
		易圖 12		
		婚嫁 12		
		產乳 8		
子類		登壇 10		
		宅經 39		
		葬書 175		
	醫家 15 類 578 種	本草〔註6〕153		
		種採炮炙 9		
		方書 169		
		單方 13		
		彝方 11		
		寒食散 9		
		傷寒 49		
		腳氣 7		
		雜病 21		
		瘡腫 32		
		眼藥 19		
		口齒 8		
		婦人 24		
		小兒 47		
		嶺南方 7		
	藝術家 17 類 206 種	藝術 5		
		射 30		
		騎 4		
		嘯 1		
		畫錄 61		
		投壺 7		
		弈棋 32		
		博塞 12		
		象經 5		

〔註6〕按：簡目中「本草」類前有「經論」、「明堂針灸」二類，正文中無。

部　類	二級類目	三級類目	四級類目	總　計
子類		樗蒲 10		
		彈棋 2		
		打馬 4		
		雙陸 2		
		打毬 2		
		彩選 13		
		葉子格 4		
		雜戲 1		
	類家 142			
集類	制詔 134			6 類 3656 種
	表奏 282			
	賦頌 236			
	別集 19 類 2623 種	楚		
		漢 92		
		魏 52		
		蜀 3		
		吳 15		
		晉 70		
		宋 62		
		齊 53		
		梁 97		
		後魏 11		
		北齊 4		
		後周 9		
		陳 24		
		隋 24		
		唐 574		
		宋 579		
集類		金 3		
		元 130		
		（明）〔註7〕819		

部　　類	二級類目	三級類目	四級類目	總　　計
	總集 377			
	詩文評附 104			
5 類附 1 類	52 類	305 類	12 類	15655 種
附錄	糾謬 9	漢《藝文志》		
		隋《經籍志》		
		唐《藝文志》		
		唐《四庫書目》		
		宋《藝文志》		
		《崇文總目》		
		鄭樵《藝文略》		
		晁氏《讀書志》		
		馬端臨《經籍考》		

三、《國史經籍志》的特色

（一）《國史經籍志》對鄭樵分類思想的繼承與發展以及對類書類的設置

　　焦竑有言：「部分不明則兵亂，類例不立則書亡」〔註 8〕，故而極爲重視書目的分類。萬曆時天下史籍已盛，《國史經籍志》的體例「若循《七略》，多寡不均」〔註 9〕，故整體上「亦準劉例」〔註 10〕，將御製書列於全卷之首，餘則分以經史子集四部著錄。四部之下各分大類，大類之下再分小類，其中的「子類・天文家」類下「天文」、「曆數」二類又各有細分，成爲四級類目。

　　《國史經籍志》以四部及「糾謬」作一級類目，下設二級類目 52、三級類目 305、四級類目 12，劃分極爲精細。其於大類之下再分小類的做法是對《通志・藝文略》等前代書目分類體例的繼承，而四級類目的設置則是焦竑的創舉。《國史經籍志》的類目設置是對鄭樵細分類目思想的繼承與延續，體現了對書目分類的重視，是明代目錄學家目錄學思想的進步。

〔註 8〕　（明）焦竑：《國史經籍志》卷三，伍氏刻本。
〔註 9〕　（明）焦竑：《〈國史經籍志〉序》，伍氏刻本。
〔註 10〕　（明）焦竑：《〈國史經籍志〉序》，伍氏刻本。

　　焦竑認爲「向、歆剖判百家，條綱粗立，自是以往書名徒具而流別莫分。官朕私楮，喪脫幾盡，無足怪者。嘗觀老、釋二氏，雖歷廢興，而篇籍具在，豈盡其人之力哉？二家類例既明，世守彌篤，雖亡而不能亡也。古今簿錄勝劣不同，鄭樵彈射不遺餘力，而倫類溷淆，或自蹈之，目論之譏，誰能獨免」〔註11〕，故於全卷之後作《糾謬》以爲附錄，列有對漢《藝文志》、隋《經籍志》、唐《藝文志》、唐《四庫書目》、宋《藝文志》、《崇文總目》、鄭樵《藝文略》、晁氏《讀書志》、馬端臨《經籍考》的糾謬 9 則。

　　《四庫全書總目》卷首《凡例》稱《國史經籍志》「多分子目，頗以餖飣爲嫌」〔註12〕，批評焦竑設類過細，顯得繁瑣。而王國強《明代目錄學研究》則對該目的設類方式大加稱讚：

> 　　《國史志》繼承了古代書目類分圖書方法的一些優良傳統，如主要以書的內容歸類，反對以著作體裁歸類，注釋性派生著作隨原書歸類等，另外，它還特別注意有次序地編排同類之書。……因爲《國史志》類例詳明，故已避免了類書時的許多弊病而顯得井然有序。同類之書，多依時代編次，或標出時代次序，或暗分時代，了然分明。〔註13〕

《國史經籍志》子部有「類家」類，著錄類書 142 種。其小序稱類書之由起乃是爲匯輯重要的知識，去粗取精，便於博覽，即韓愈所稱「鉤元提要」〔註14〕者。

　　類書之實或自《皇覽》始。初爲類事之書，歸於史部。隋唐以降，類書體例、數量皆趨於多元，整體屬性由類事偏向類書，繼而漸歸於子部。《隋志》將其歸入子部雜家類，《舊唐志》置於子部類事，《新唐志》復廣類事爲類書，而類書之名乃定。前代諸家書目多將類書置於子部「雜家」類，焦竑則認爲「雜家出自一人，類書兼總諸籍」〔註15〕，故而不當混爲一談。焦氏又稱《諡法》、《孝史》、《翰苑群書》等「首尾一事」，當與類書分置。可見焦竑對類書的性質已經有了十分清晰的認識與判定了。

〔註11〕（明）焦竑：《國史經籍志》卷三，伍氏刻本。
〔註12〕（清）永瑢：《四庫全書總目》卷首《凡例》，北京：中華書局，1965 年。
〔註13〕王國強：《明代目錄學研究》，第 123 頁，鄭州：中州古籍出版社，2000 年。
〔註14〕（明）焦竑：《國史經籍志》卷四下，伍氏刻本。
〔註15〕（明）焦竑：《國史經籍志》卷四下，伍氏刻本。

（二）《國史經籍志》的著錄特色

其一，首列制書。《國史經籍志》卷一爲制書類，下分御製、中宮御製、敕修、紀注時政 4 類，共著錄書籍 257 種。自楊士奇《文淵閣書目》繼承王應麟《玉海》之例將御製類書籍於書目中首置之後，明代的《江東藏書目》、《內閣藏書目錄》等多家書目皆繼承了這一傳統。首設御製的做法體現了對王權的尊重，是明代中央集權的強化在目錄學中的反映。

其二，《國史經籍志》對史部書籍的內容多有介紹。《國史經籍志》對史部之外的各部書籍著錄較爲簡單。書名、卷數外，多僅設作者項，不作其他著錄。唯於史部各類書籍之下對該書內容多有介紹。如「《吳錄》二十卷。徐鉉記楊行密事」，「《泚上英雄小錄》二卷。吳信都鎬記楊行密入廣陵將吏五十人」，「《邗溝要略》九卷。記楊行密據淮南事」等。這種情況的出現當與焦竑史學家的身份密切相關。焦竑不僅是經學家、文獻學家、藏書家，更是明代的史學巨擘，博覽群書，勤於考辨。《國史經籍志》外，焦竑尚撰有《焦氏類林》、《國朝獻徵錄》、《皇明人物考》、《遜國忠節錄》等史學著作，又有《論史》、《修史條陳四事議》等史學論述，皆具有很高的學術價值。萬曆二十二年（1594）陳于陛舉薦焦竑編修國史的做法，亦是對其史學修養的高度認可。

其三，《國史經籍志》著錄了書籍的殘闕情況。筆者在翻閱《國史經籍志》的過程中，發現該《志》中有對書籍現存卷數的記載。如：

　　史類·正史

　　　《史記》一百三十卷。陳伯宣注。今存八十七卷。

又如：

　　子類·法家

　　　《愼子》一卷。愼到撰。四十二篇。隋唐分十卷，今亡九卷。

此類著錄雖爲數不多，但足可作爲焦氏曾參照前志校核現存書籍的佐證。

其四，《國史經籍志》採用了合併著錄作者的方法。其將同一作者的著作並列著錄，只標注一次作者，著作之間以「又」連接：

　　易

　　　蔡淵《易傳訓解》四卷。又《易象意言》二卷。

又以「同上」標識：

　　子類·儒家

《魏徵諫事》五卷。《自古諸侯王善惡錄》二卷。同上。

將同一作者的同類作品相繼登錄、只記一次作者姓名的做法在明代諸家書目中甚爲常見。合併著錄同類項省卻了重複累贅之煩，是書目編纂體例靈活的表現。

其五，《國史經籍志》著錄了諸多歷代稀見書目。《國史經籍志》史部設有簿錄類，著錄歷代書目 120 種。其下又分爲總目、家藏總目、文章目、經史目 4 類。其中「總目」部分著錄《別錄》、《七略》、《中經》等公藏目錄，《古今書刻》等刻書總目，《隋道藏總目》、《開元釋教錄》等宗教目錄。「家藏總目」即爲《西齋書目》、《晁氏寶文堂書目》等私家藏書目。「文章目」爲《文章家集敘》、《宋世文章志》等「文學創作目錄」﹝註 16﹞，即歷代或個人的著述目錄。「經史目」爲《十三代史目》、《經史目錄》、《太宗實錄目》等經史著作的目錄。此 120 種內多有罕見於著錄者。如「家藏總目」中的《金陵羅氏書目》爲弘治間羅鳳的家藏書目，《存石草堂書目》爲嘉靖間沈啓源的家藏書目。此二目今皆亡佚，爲《千頃堂書目》著錄之前惟見載於《國史經籍志》。張雷、李豔秋《明代私家藏書目錄考略》亦據《國史經籍志》輯錄此二目的信息。

其六，《國史經籍志》充分發揮了小序的作用。《國史經籍志》的重要特色與成就之一便是充分發揮了小序「辨章學術、考鏡源流」的重要作用。

《國史經籍志》不作解題，然於 52 種二級類目之後皆作小序﹝註 17﹞，藉以追溯歷代史實，考辨學術流派，闡釋設類緣由，表達個人觀點等。例如，焦竑於易類之序中區分《連山》、《歸藏》、《周易》三種爲天、地、人之易，簡述了易學的歷代師承，又借孔子對象數、六爻、繫辭等的譬喻闡發了個人對於各家易學流派的看法，並於序末表達了「以俟採擇」的設類緣由。又於春秋類之序中追溯了《春秋》的成書及公、穀、左三家的發展流變，區分了三家的學術傾向，批駁了世人以傳求經的荒謬之舉，認爲趙鵬飛「學者當以無傳求《春秋》，不可以有傳求《春秋》」﹝註 18﹞之言甚得其法。

《國史經籍志》的小序是焦竑學術思想的濃縮，具有極高的學術價值。周中孚贊其小序稱：「弱侯能參之漢、隋《志》例，各於分目之後作總論目一

﹝註 16﹞ 按：參見姚名達：《中國目錄學史》，第 260 頁。長春：吉林人民出版社，2014年。

﹝註 17﹞ 按：「詩文評（附）」類後無小序，或因該類爲附錄之故。

﹝註 18﹞ （明）焦竑：《國史經籍志》卷二，伍氏刻本。

則，以暢發其大旨，是又新、舊《唐志》《宋志》所不及爲者。所謂質有其文也，此則加於人一等矣。」〔註19〕

其七，《國史經籍志》附有對歷代藝文志的糾謬。焦竑有言：「古今簿錄勝劣不同。鄭樵彈射不遺餘力，而倫類涵淆，或自蹈之。目論之譏，誰能獨免。今備列之，而別爲『糾謬』一卷，以附末篇。」〔註20〕《國史經籍志》「糾謬」部分的準則是焦竑自己的目錄學思想，具有強烈的個人意識。對其糾謬的是非對錯雖難作定論，然可將其糾謬結果與《國史經籍志》的類目設置對照觀看，從而更好地瞭解焦竑的分類思想。

四、《國史經籍志》的價值

焦竑稱《國史經籍志》所著錄的範圍爲「當代見存之書」〔註21〕的說法是不準確的。該志所載者，並非全爲當時存世之書，亦非專記有明一代著作，而是採用了參考前代藝文志的著錄、不計存佚、通記古今書籍的做法。《國史經籍志》的資料來源很廣，其所收書目乃是以政府藏書爲基礎，兼採《通志・藝文略》、《文獻通考・經籍考》及明代中前期的諸家藏書目編纂而成。而該目之中確有對書籍現存卷數的記載，如「《史記》一百三十卷。……今存八十七卷」，「《愼子》一卷。……隋唐分十卷，今亡九卷」等，乃焦氏曾參照前志校核現存書籍的證據。

厲鶚等於《南宋雜事詩》中質疑《國史經籍志》中所載《高宗實錄》五百卷、《孝宗實錄》五百卷、《光宗實錄》一百卷、《寧宗實錄》三百卷乃是抄錄自《宋史・藝文志》，其時「未必有完書」〔註22〕；《四庫全書總目》亦批評其「叢抄舊目，無所考核，不論存亡，率爾濫載，古來目錄惟是書最不足憑」〔註23〕。對此，伍崇曜《〈國史經籍志〉跋》有言：「歷朝修經籍、藝文《志》，大都如是，未可專以詬焦氏一人也。」〔註24〕伍氏之言可稱公允。

〔註19〕　（清）周中孚：《鄭堂讀書記》卷三十二，上海：商務印書館，1937年。

〔註20〕　（明）焦竑：《國史經籍志》卷三，伍氏刻本。

〔註21〕　（明）焦竑：《〈國史經籍志〉序》，伍氏刻本。

〔註22〕　（清）伍崇曜：《〈國史經籍志〉跋》，伍氏刻本。

〔註23〕　（清）永瑢：《四庫全書總目》卷八七《史部目錄類存目》，北京：中華書局，1965年。

〔註24〕　（清）伍崇曜：《〈國史經籍志〉跋》，伍氏刻本。

　　四庫館臣雖對《國史經籍志》的分類、著錄體例多有批評，然於《提要》中卻援引該目所載的史料近七十處，其中更多有稱僅見載於《國史經籍志》者。如元朱晞顏《瓢泉吟稿》一種，《總目》稱「（朱晞顏）其集藏書之家罕見著錄，惟焦竑《國史經籍志》，載有《瓢泉集》四卷，而世無傳本」〔註25〕；宋史堯弼《蓮峰集》一種，《總目》稱「焦竑《國史經籍志》載堯弼《蓮峰集》三十卷，而世間亦無傳本，故錄宋詩者多不能舉其姓名」〔註26〕等。則其對《國史經籍志》的價值不可謂不重視。

　　《四庫全書總目》之外，王士禎《池北偶談》、《居易錄》等皆對焦氏記載多有引用，如稱「文定公《文集》十二卷，見《國史經籍志》」〔註27〕者，對其甚為倚重。

　　需要指出的是，《國史經籍志》的成書是在明中期萬曆年間，故而無法作為有明一代的斷代藝文志。且其過分依賴前代書目，未能詳加考核，故而記載多有遺漏。為彌補這一缺憾，清人宋定星、謝星纏曾撰《國史經籍志補》，王承略、劉心明二師所編《二十五史藝文經籍志考補萃編》亦有《國史經籍志補》（按：第23卷），皆為專門補充《國史經籍志》者，可與焦氏《國史經籍志》互為參考。於此之外，明末清初黃虞稷著《千頃堂書目》，通著有明一代書籍，兼及宋、遼、金、元著作。清人傅維鱗《明書》「但取殿閣所藏，不限朝代。倪燦、尤侗專收明人撰述，附拾前志所遺。王鴻緒抹去前代，重分類例，遂成張廷玉進呈之本」〔註28〕，今人謝國楨有《晚明史籍考》，皆可以補明代藝文之闕。

　　《國史經籍志》無總目，各卷卷首簡列該卷類目，各類目下又分二級、三級類目，皆於上級類目後標明，這些簡目的字眼與正文所標者時有出入，如「易」下所列「例」類，正文標為「類例」；「春秋」下所列「通辨」類，正文標為「通解」；「孝經」下所列「外傳」類，正文標為「廣義」等等。此乃明人治學不甚嚴謹的表現之一。

　　作為明代唯一的國史書目，《國史經籍志》雖受種種因素所限、未能發揮

〔註25〕　（清）永瑢：《四庫全書總目》卷一百六十七《集部二十》，北京：中華書局，1965 年。

〔註26〕　（清）永瑢：《四庫全書總目》卷一百六十一《集部十四》，北京：中華書局，1965 年。

〔註27〕　（清）王士禎：《居易錄》卷十六，請文淵閣《四庫全書》本。

〔註28〕　姚名達：《中國目錄學史》，第 180 頁，上海：上海古籍出版社，2007 年。

通記一代之功用，然其博採歷代書籍、編排有度、類分有法、收錄既富又便於檢索，自有其無可替代的歷史價值。《國史經籍志》的類目設置、小序以及「糾謬」是焦竑的三大學術貢獻，彌補了該目解題不足的學術缺憾，將其與一般的登記性書目區分開來。章學誠於《校讎通義》中稱讚其「整齊有法，有可節取」〔註 29〕，錢大昕在編纂《元史・藝文志》時亦稱「於是書採獲頗多」〔註 30〕，姚名達稱「在目錄學史中，惟竑能繼鄭樵之志，包舉千古」〔註 31〕，對《國史經籍志》的價值皆予以首肯。

第二節　王圻《續文獻通考・經籍考》

一、《續文獻通考・經籍考》的作者與版本

王圻，字元翰，號洪州，華亭人。嘉靖四十四年（1565）進士，仕途多舛，於陝西布政參議任乞歸，築「梅花源」於淞江畔，勤力著述，「年逾耄耋，猶籌燈帳中，丙夜不輟」〔註 32〕。萬曆四十三年（1615）卒，年八十五。有《續文獻通考》、《稗史彙編》、《三才圖會》、《洪洲類稿》、《東吳水利考》等著作行世。《四庫全書總目》贊曰：「圻所著述，如《續文獻通考》、《三才圖會》、《稗史彙編》諸書，皆篇帙浩繁，動至一二百卷。雖龐雜割裂，利鈍互陳，其采輯編排，用力亦云勤篤。計其平日，殆無時不考古研今。」〔註 33〕

《澹生堂藏書目》著錄有「《續經籍考》十二卷。王圻」〔註 34〕，則知該書於明代或即有單行本行世，而今不知見存與否。現存各本皆為《續文獻通考》三十門之一，有：

（一）萬曆三十一年（1603）曹時聘、許維新等刻本。十一行二十二字，白口，左右雙邊。南圖、北大、中科院等。

（二）清抄本。九行二十一字，白口，單魚尾，四周雙邊。南圖。

〔註 29〕 （清）伍崇曜：《〈國史經籍志〉跋》，伍氏刻本。
〔註 30〕 （清）伍崇曜：《〈國史經籍志〉跋》，伍氏刻本。
〔註 31〕 姚名達：《中國目錄學史》，第 180 頁，上海：上海古籍出版社，2007 年。
〔註 32〕 （清）張廷玉：《明史》，第 4918 頁，北京：中華書局，1974 年。
〔註 33〕 （清）永瑢：《四庫全書總目》卷一百七十八《集部別集類存目五》，北京：中華書局，1965。
〔註 34〕 （明）祁承㸁：《澹生堂藏書目》，清宋氏漫堂抄本。

　　此外,《宋元明清書目題跋叢刊・影印說明》稱據萬曆十三年（1585）刻本影印,「十三年」或為「三十一年」之誤。據向燕南《王圻纂著考》一文考證,《續文獻通考》當成書於萬曆三十年（1602）左右〔註35〕。

二、《續文獻通考・經籍考》的編纂體例

　　本文以萬曆三十一年（1603）刻本為對象進行探討。《續文獻通考》卷一百七十二至一百八十三為《經籍考》,總十二卷。其中,卷一百七十二為「內府書」,分宋（1朝）、遼（3朝）、金（2朝）、元（5朝）、皇明（7朝）5部分,著錄宋理宗淳祐十一年（1251）六月至明萬曆二十四年（1596）十一月共18朝346年間內府編刊、收輯書籍的情況。卷一百七十三至卷一百八十三分40類,著錄歷代書籍3674種。

　　「內府書」部分以朝代為綱,著錄各代內府徵集、校刊書籍的情況以及相關的作者信息。著錄書目的部分以書籍性質為綱,著錄作者,書名,卷數,間或著錄作者（按:籍貫、生平、其他著作等）、成書（按:時間、緣由、章數）、同書異名等信息,末附同名書。又大量移錄他人序跋、敘錄,偶標以按語。其體例如下:

　　　　《易傳》

　　　　　　王岩叟著。岩叟,大名清平人。年十八舉明經進士,為文理省詞該。

　　　　　　後張志道、千房、王淶皆有《易傳》。

　　　　　　《春秋外傳》五十卷。《三傳序論》。《列國序論》一卷。

　　　　　　按:郝經序有曰……

　　《續文獻通考・經籍考》的類目設置及各類著錄數量詳見下表。

部　　類	二級類目	備　　註
內府書18朝	宋1朝	
	遼3朝	
	金2朝	
	元5朝	
	皇明7朝	

〔註35〕按:參見向燕南:《王圻纂著考》一文,《文獻》,1991年第4期,第249頁。

部　類	二級類目	備　註
易 184		
書 86		
詩 68		
春秋 147		
禮 101		
論語學庸孟子四書總蒙書 179		
孝經 16		
經總解 83		
樂律 25		
小學 69		
儀注 20		
史正史 9		
史〔註36〕122		
史評 76		
史抄 23		
史故事 63		
傳記 172	65	
	皇明 107	
職守 25		
法律 15		
地理 57	皇明 25	
譜牒 23		
儒家 169	皇明 27	
雜家 99		
農家 15		
皇明雜家 52		
天文 18		
曆家 14		
五行 6		

〔註36〕按：疑缺字。

部　類	二級類目	備　註
占筮 7		
兵書 29		
醫家 32		
道家 36		
佛家 79		
藝術 25		
集上	宋 405	
集中	遼 5	
	金 23	
	元 198	
集下	皇明 433	
章表 103		
類書 110	皇明類書 63	
詩集 253	宋 192	
	皇明詩集 61	
41 類	3674 種	總　計

三、《續文獻通考・經籍考》的特色

（一）《續文獻通考・經籍考》的分類特色

其一，對多種分類依據的採用。整體而言，《續文獻通考・經籍考》分為內府書與歷代書目兩大部分。其中，內府書部分置於卷首，下依朝代分類。書目部分先依性質歸類，部分類目又依朝代作二級分類。《續文獻通考・經籍考》是一部綜合採用多種分類依據的書目。

其二，首設「內府書」類。《續文獻通考・經籍考》在《文獻通考・經籍考》的類目基礎上，增加了「內府書」一部，著錄南宋至明萬曆二十四年（1596）間政府藏書的情況。明代書目首設「御製」或「內府」部的做法始自楊士奇《文淵閣書目》，後成為明代書目的傳統之一。

其三，《續文獻通考・經籍考》設有「儒家」類，著錄宋明理學家著作 169種。

　　隨著宋明理學的發展、理學家地位的上升，理學著作在書目中的類目歸置亦不斷發生變化。《文淵閣書目》首設「性理」類著錄理學著作並與五經、四書類並置，凸顯了理學家著作的地位。此後的《晁氏寶文堂書目》、《世善堂藏書目錄》、《脈望館藏書目》、《澹生堂藏書目》等皆將理學家著作單獨設類歸置，至《明史・藝文志》、《四庫全書》而成定例。

（二）《續文獻通考・經籍考》的著錄特色

　　其一，《續文獻通考・經籍考》採取「以人類書」的著錄體例。同一作者的不同作品分別依性質歸類，於第一部著錄的作品之下介紹該作者的具體信息，再次出現時則以「出處見前」字樣代替。如：

> 《周易外傳》。方逢辰著。淳安人，舉進士第一，累官……
> 　　……
> 《尚書釋傳》。方逢辰著。出處見前《周易外傳》下。

這種著錄方式與合併著錄法具有同樣的功效，皆為明代書目靈活著錄的表現。

　　其二，《續文獻通考・經籍考》於各書之後附錄同名書。然只記作者書名，不作解題。這是該目於著錄方面較為特殊的體例。如：

> 《易解》十卷。
> 　張臣著。臣，武進人，嘉祐中舉明經。少從胡瑗遊，薦為國子監直講。王安石新法行，臣即引去，時論高之。有《易解》十卷及《文集》四十卷。
> 　又林希逸亦有《易解》。

這種做法屬於較為特殊的合併著錄法，避免了重複著錄同名書的繁瑣。萬曆間梅鼎祚《書記洞詮引用書目》中亦間或採用了這種著錄方式。

　　其三，《續文獻通考・經籍考》對歷代各家序跋題記等多有輯錄。其所輯錄之序跋多有僅見於該目著錄者，具有重要的史料學價值。如：

> 《論孟記聞》、《學庸纂述》、《學庸十一圖》。餘干饒魯著。元吳
> 澄跋其書曰：先生於學究夫天人，於教動則以善，可謂有功名教者。

吳澄此跋，於《續文獻通考・經籍考》之前未見各家著錄。此處記載是該跋語存世最早的資料。其後，清人陳夢雷《古今圖書集成》亦載吳澄此跋，稱轉載於《續文獻通考・經籍考》〔註37〕。

〔註37〕按：參見（清）陳夢雷：《古今圖書集成》第 59 冊《理學彙編・經籍典》，第

此外，《續文獻通考・經籍考》中有 5 處標注「按」字。按語的內容除王圻自身觀點的表達外，多爲輯錄的相關序跋。其中，「內府書・皇明・太祖」類後以按語的形式表達王圻自己的觀點：

> 按：皇祖之訓眞可爲貪者醒也。後來内外官祿之數，名在而實亡，實支者十已去其七矣。而三分實支，且又折絹布。若位卑祿薄者，將何以責其廉乎？

而《春秋外傳》後則以按語的形式轉錄郝經序〔註38〕，《春秋諸國統輯》後以按語形式轉錄吳澂序〔註39〕，《胡氏律論》後亦以按語的形式轉錄熊朋來序〔註40〕。《宋史本紀》末以按語的形式轉錄謝端《辨宋遼金正統》相關言論〔註41〕。

四、《續文獻通考・經籍考》的價值

與《國史經籍志》類似，《續文獻通考・經籍考》亦於各卷卷首簡列該卷類目，之後乃依類著錄。同樣，《續文獻通考・經籍考》亦存在各卷卷首總目與正文類目著錄不統一的情況。如卷一百七十三的總目著錄爲「易、書、詩」三類，正文則著錄爲「易」、「書」、「詩」、「春秋」四類。卷一百七十五的總目著錄爲「論語學庸孟子」，正文則著錄爲「（論語學庸孟子四書總蒙書）」、「孝經」、「經總解」。卷一百七十六的總目著錄爲「樂律、小學、儀注、史」，正文則著錄爲「樂律」、「小學」、「儀注」、「史正史」、「史」、「史評」、「史抄」、「史故事」等。這種情況在明代多家書目中皆有發生，則明代學風之散漫亦可略見一斑。

談遷《北遊錄》亦對王圻此書的著錄之誤提出批評：

> 華亭王圻《續文獻通考》。其「藝文類」載《琵琶記》、《樂府水滸傳》，謬甚。國朝宗室鄭、越、襄、荆、淮、滕、梁、衛八王並仁宗昭皇帝子，而云成祖子。其誤庸止魯魚亥豕耶？〔註42〕

清人陸元輔認爲王圻《續文獻通考・經籍考》著錄混亂，學術成就不高，故

70621 頁，北京：中華書局；成都巴蜀書社。

〔註38〕 （明）王圻：《續文獻通考・經籍考・春秋》，明萬曆三十一年（1603）刻本。

〔註39〕 （明）王圻：《續文獻通考・經籍考・春秋》，明萬曆三十一年（1603）刻本。

〔註40〕 （明）王圻：《續文獻通考・經籍考・樂律》，明萬曆三十一年（1603）刻本。

〔註41〕 （明）王圻：《續文獻通考・經籍考・史正史》，明萬曆三十一年（1603）刻本。

〔註42〕 （清）談遷：《北遊錄》，民國抄本。

「毅然欲別撰《續經籍考》一書以洗王氏之陋」〔註43〕。（嘉慶）《直隸太倉州志》著錄：

> ……（陸元輔）晚年病王圻《續文獻通考》「藝文」一門多所錯漏，乃作《續經籍考》以正之。〔註44〕

然而，作爲明代唯一的一部政書，《續文獻通考》以《文獻通考》的體例爲坤本，續寫了《文獻通考》所未載的南宋、遼、金、元以及明萬曆間的典章制度及相關著述，保存了重要的史料。後世的《長春道教源流》、《續通志》、《天祿琳琅書目》、《遼史拾遺》、《明通鑒》、（光緒）《順天府志》以及《四庫全書總目》等書皆多次引用《續文獻通考》的內容以爲佐證，在事實上肯定了該書的史料價值。《善本書室藏書志》亦嘗引《續文獻通考》爲據：

> 《資治通鑒節要續編》三十卷。明正德司禮監刊本。
>
> ……按：王圻《續文獻通考》：「江贄，字叔直，崇安人，賜號少微先生，著有《通鑒節要》。武宗偶閱，悅之，命司禮監重刻，附《宋元節要續編》於後。」……〔註45〕

《續文獻通考·經籍考》的另一個重要價值是「文」、「獻」並重。馬端臨在《文獻通考·自序》中區分了「文」與「獻」的概念：「凡敘事，則本之經史，而參之以歷代《會要》，以及百家傳記之書，信而有證者從之，乖異傳疑者不錄，所謂『文』也。凡論事，則先取當時臣僚之奏疏，次及近代諸儒之評論，以至名流之燕談、稗官之紀錄，凡一話一言，可以訂典故之得失，證史傳之是非者，則採而錄之，所謂『獻』也。」〔註46〕王圻編纂《續文獻通考》的原因，乃是「有感於宣聖之說禮也。夫宣聖生知而其說二代之禮猶以文獻不足爲歎，則文與獻皆歷朝典章所寄，可缺一也與哉？貴與氏之作《通考》，窮搜典籍，以言乎文則備矣，而上下數千年，忠臣、孝子、節義之流及理學名儒類皆不載，則詳於文而獻則略，後之說禮者能無杞宋之悲乎？」〔註47〕可見王圻認爲「文」與「獻」在政書編纂中應具有同樣重要的地位，且認爲馬氏《通考》於「獻」則載錄不足。故其在編纂《續文獻通考》時將「文」、「獻」

〔註43〕（清）朱彝尊：《經義考》卷二百九十四《王圻〈續文獻通考〉》，清文淵閣《四庫全書》本。

〔註44〕（嘉慶）《直隸太倉州志》卷二十八《人物·國朝·陸元輔》。

〔註45〕（清）丁丙：《善本書室藏書志》卷七，清光緒刻本。

〔註46〕（元）馬端臨：《文獻通考·自序》，北京：中華書局，1986年。

〔註47〕（明）王圻：《續文獻通考·引》，明萬曆三十一年（1603）刻本。

並重，不僅著錄作者生平、成書、其他著作等相關信息，且以按語的形式徵引各家敍錄、分析學術源流，並且附以自己的見解〔註48〕。

此外，《續文獻通考・經籍考》對四部書目的著錄體例較爲簡潔統一，相對而言，其對內府書部分的著錄方式則更接近於史料登記。如：

> 理宗淳祐十一年六月，秘書省言乞辟校勘、檢閱等官，仍行下諸路漕司所部州縣，應有印本書籍，解赴冊府，以補四庫之闕。……

這種編纂方式反映出了《續文獻通考》的政書特性，對史料的保存更爲原始、完整，便於後世檢索。

第三節　方志藝文志——以（成化）《杭州府志・書籍》與（嘉靖）《浙江通志・藝文志》爲例

一、（成化）《杭州府志・書籍》

（一）（成化）《杭州府志・書籍》的作者及版本

（成化）《杭州府志》爲陳讓主修，夏時正等纂。陳讓字德光，號雲軒，天順八年（1464）進士，成化十年（1474）於杭州知府任上主修《杭州府志》，次年刊印。夏時正字尚一，號餘留道人，慈谿汶溪人。正統十年（1445）進士，後乞歸杭州，築西湖書院以居。著有（成化）《杭州府志》、《太平志》、《留餘稿》等。（成化）《杭州府志》原分六十三卷，又首一卷。《明史・藝文志》將首卷併入正文，作六十四卷。該志下設《封界》、《山川》、《公署》、《風土》、《學校》等十八門，《書籍》爲其中之一。（成化）《杭州府志》有成化刻本，半頁十行，行二十字，四周雙邊，雙魚尾，大黑口。國圖。《宋元明清書目題跋叢刊》影印收錄其《書籍》一目。

（二）（成化）《杭州府志・書籍》的編纂體例

（成化）《杭州府志・書籍》前有序，述纂《書籍》一目之緣由、目的。《序》稱古人有「立德、立功、立言」之訓，杭州雖歷代人才輩出，然世人多重德行而輕文辭，前志亦不載其著述。故而採擴聞見之書，「存其目以遺，或其得以讀而考見焉。則於地理名物庶幾實錄，而於尚友也不無少助」〔註49〕。

〔註48〕按：有時以「按」字標示，有時不加「按」字，而是直接徵引他人敍錄。
〔註49〕（成化）《杭州府志》卷之五十七《書籍》，成化刻本。

《序》後爲正文，以地域（縣）爲設類依據，各縣之內再依朝代分類，共著錄杭州府轄內 9 個屬縣自晉代至元代的著作 207 種。

該目著錄書名、作者（按：姓名、官職等）、卷數、書籍內容等，間或著錄編次人。其體例爲：

　　餘杭縣

　　皇朝

少詹事贈太子太保諡文敏鄒濟《詩文集》四卷。孫煜編次。

（成化）《杭州府志·書籍》的類目設置及各類著錄數量詳見下表：

部　　類	二級類目	
仁和縣 3 代 42 種	宋 5 人 7 種	
	元 6 人 19 種	
	皇朝 16 種	
錢塘縣 6 代 91 種	宋（六朝）1	
	梁（六朝）2	
	陳（六朝）1	
	宋 55	
	元 9	
	皇朝 23	
海寧縣 6 代 16 種	晉 2	
	梁（六朝）2	
	陳（六朝）1	
	唐 1	
	宋 7	
	皇朝 3	
餘杭縣 4 代 14 種	隋 2	
	唐 1	
	宋 10	
	皇朝 1	
富陽縣 4 代 10 種	唐 2	
	宋 1	
	元 5	
	皇朝 2	

部　　類	二級類目	
臨安縣 2 代 6 種	宋 3	
	皇朝 3	
新城縣 3 代 8 種	唐 4	
	元 1	
	皇朝 3	
於潛縣 2 朝 8 種	宋 7	
	元 1	
昌化縣 2 縣 12 種	宋 7	
	元 5	
9 縣	207 種	總　　計

（三）（成化）《杭州府志・書籍》的特色及價值

　　（成化）《杭州府志・書籍》先依地域分類、後依朝代著錄的編纂方式凸顯了其地方著述目錄的特性。而其兼具方志屬性，故於著錄時對作者的官職身份尤為強調，如「《章安集》、《西湖百詠》，知壽州楊蟠著」、「《後漢功臣年表》，寶謨閣待制錢暄述」、「知許州錢昆《文集》十卷」等。（成化）《杭州府志・書籍》不依書籍性質設類，故而採用了「以書類人」的編纂方式，將同一作者的著作合併著錄，雖模糊了書籍的學術屬性，卻提高了書目收錄的完整性，且便於後世的檢索考據。

　　《杭州府志》曾有洪武刻本，然已不存。（成化）《杭州府志》是現存最早的杭州府志，其《書籍》部分是考證杭州著述較為原始可信的重要史料。《四庫全書總目提要》稱該志「因洪武中徐一夔《志》及永樂、景泰《續志》增修」〔註 50〕，則知其中保留了大量前代方志的信息，又兼具輯佚學價值。

二、（嘉靖）《浙江通志・藝文志》

（一）（嘉靖）《浙江通志・藝文志》的作者與版本

　　（嘉靖）《浙江通志》為胡宗憲、薛應旂等修。胡宗憲，字汝貞，號梅林，安徽績溪人。嘉靖十七年（1538）進士，歷任益都、餘姚二縣，擢御史，巡

〔註50〕　（清）永瑢：《四庫全書總目》卷七十三《史部二十九・地理類存目》。北京：中華書局，1965 年。

按宣、大，嘉靖三十三年（1554）巡撫浙江，於任上主修此志。

薛應旂，字仲常，武進人，嘉靖十四年（1535）進士，官至浙江提學副使。應旂以博學稱，與王鏊、唐順之等齊名，著有《方山文錄》、《四書人物考》、《宋元資治通鑒》、《薛方山紀述》、《考亭淵源錄》、《薛子庸語》等。薛應旂於浙江任上「博採志乘、家譜、文集、分類手書，十年之中七易稿，始成於嘉靖四十年」〔註51〕。

（嘉靖）《浙江通志》原七十二卷，現存六十九卷，下分《地理志》、《建置志》、《貢賦志》、《祠祀志》等十一《志》。其中卷五十三至五十六四卷爲《藝文志》。

（嘉靖）《浙江通志》有嘉靖四十年（1561）刊本。十行二十字，小字雙行同，白口，四周單邊。國圖。《方志叢刊》收錄該書，《宋元明清書目題跋叢刊》影印收錄其《藝文志》四卷〔註52〕。

（二）（嘉靖）《浙江通志·藝文志》的編纂體例

（嘉靖）《浙江通志·藝文志》前有序，讚頌浙江歷代人才之富、著述之盛。後爲正文，依經史子集四部分類，每類一卷。其四部之下設 39 類。各小類下又作細分，共設五級類目，著錄書籍 1766 種。四部之後又作按語，稱「浙藝文作者眾矣。然以理學爲尚，而不屑以多文爲富」，故其編撰《藝文志》，「經史諸子百家悉備」，「以爲覽觀者備」，闡明了該《藝文志》的收書範圍及編纂目的。

該目於各部之前列有該部總目，其後依類著錄書籍，錄其作者、書名，卷（篇）數等信息。其體例爲：

> 經之類九。一曰易，二曰書，……九曰小學。
>
> ……
>
> 書類
>
> 經文
>
> 宋高宗石經《尚書》。

（嘉靖）《浙江通志·藝文志》的類目設置及各類著錄數量詳見下表：

〔註51〕黃葦：《中國地方志詞典》，第 74 頁，合肥：黃山書社，1986 年。
〔註52〕按：《宋元明清書目題跋叢刊》稱爲「三卷」，誤。北京：中華書局，2006 年。

部　　類	二級類目	三級類目	四級類目	五級類目	總計
經 9 類 476 種	易 74	經文 3	宋		
		注疏 58	吳 3		
			晉 2		
			南北朝 3		
			宋 48		
			元 2		
			本朝 2		
經 9 類 476 種		圖說 10	宋		
		音釋 3	宋		
			唐		
	書 59	經文 1	宋		
		傳義 55	南北朝 4		
			宋 41		
			元 10		
		音訓 3	隋 1		
			宋 2		
	詩 32	經文 1	宋		
		注疏 25	漢 2		
			晉 2		
			南北朝 2		
			宋 18		
			本朝 1		
		考辨 6	宋 5		
			本朝 1		
	春秋 82	經文 1	宋		
		傳義 81	晉 2		
			南北朝 1		
			宋 51		
			元 21		
			本朝 6		

部　類	二級類目	三級類目	四級類目	五級類目	總計
	禮 62	經文 5	宋		
		傳義 7	晉 3		
			南北朝 8		
			宋 45		
			元 1		
經 9 類 476 種	孝經 14	經文 2	宋 1		
			本朝 1		
		傳注 12	晉 2		
			南北朝 3		
			宋 6		
			元 1		
	四書 45	經文 4	宋 3		
			本朝 1		
		注疏 67	論語 26	晉 3	
				南北朝 2	
				宋	
			學庸 19	（宋）14	
				元 4	
				本朝 1	
			孟子 8	宋	
			（四書類）19	（宋）15	
				元 12	
				本朝 2	
		外書 4	宋		
	經解（附讖法）30	經解 27	晉 1		
			南北朝 2		
			宋 18		
			元 2		
			本朝 4		
		讖法 3	南北朝 2		
			唐 1		

部　類	二級類目	三級類目	四級類目	五級類目	總計
經 9 類 476 種	小學 48	小學 15	宋 13		
			本朝 2		
		姓氏 4	（宋及前朝）〔註53〕 3		
			元 1		
		文字 13	南北朝 1		
			宋 10		
			本朝 2		
		音韻 5	南北朝 1		
			宋 4		
		法書 11	晉 1		
			南北朝 1		
			唐 3		
			宋 4		
			元 2		
史 11 類 370 種	正史類 24	晉 1			
		南北朝 16			
		宋 5			
		元 1			
		本朝 1			
	編年類 35	南北朝 5			
		宋 24			
		元 1			
		本朝 5			
	別史類 28	周 1			
		漢 1			

〔註53〕按：有《急就篇》，未標注朝代及著者，不知是否爲西漢史游篇。且因其排序在王應麟之前，故合稱爲「宋及前朝」。

部 類	二級類目	三級類目	四級類目	五級類目	總計
史 11 類 370 種		五代 2			
		宋 16			
		元 7			
		本朝 1			
	史鈔類 31	宋 16			
		元 11			
		本朝 4			
	故事類 18	宋			
	圖志 113	南北朝 3			
		宋 60			
		元 8			
		本朝 42			
	雜傳記類 82	三國 1			
		晉 9			
		南北朝 7			
		唐 6			
		宋 45			
		元 8			
		本朝 6			
	儀注類 19	晉 1			
		南北朝 5			
		唐 4			
		宋 6			
		本朝 3			
	刑法類 5	宋 3			
		元 1			
		本朝 1			
	譜牒類 6	南北朝 1			
		宋 5			

部　類	二級類目	三級類目	四級類目	五級類目	總計
史 11 類 370 種	職官類 9	晉 1			
		南北朝 1			
		宋 7			
子類 12 類 341 種	儒家類 47	三國 1			
		宋 38			
		元 1			
		本朝 7			
	諸子類 22	晉 5			
		南北朝 3			
		唐 2			
		宋 8			
		本朝 3			
	雜家類 78	周 1			
		漢 2			
		晉 3			
		南北朝 6			
		唐 4			
		宋 46			
		元 12			
		本朝 4			
	醫書類 32	晉 1			
		南北朝 6			
		唐 1			
		宋 15			
		元 6			
		本朝 3			
	農家類 17	周 2			
		唐 2			

部　類	二級類目	三級類目	四級類目	五級類目	總計
子類12類341種		宋11			
		元2			
	天文類10	南北朝4			
		宋5			
		本朝1			
	五行類22	漢2			
		晉4			
		南北朝8			
		唐1			
		宋2			
		本朝3			
	兵書類13	周3			
		宋10			
	樂律類9	南北朝2			
		宋4			
		元2			
		本朝1			
	類書類24	唐3			
		宋21			
	雜藝術類8	南北朝6			
		宋2			
	仙釋類59	仙48	漢12		
			三國1		
			南北朝28		
			宋3		
			元4		
		釋11	南北朝2		
			宋9		

部　類	二級類目	三級類目	四級類目	五級類目	總計
集錄 7 類 579 種	制誥類 16	唐 3			
		晉 1			
		宋 12			
	章奏類 35	唐 4			
		宋 23			
		本朝 8			
	文集類 360	漢 1			
		魏 1			
		吳 1			
		晉 20			
		南北朝 26			
		唐 13			
		五代 9			
		宋 173			
		元 60			
		本朝 56			
	詩集類 57	南北朝 2			
		唐 18			
		宋 35			
		本朝 2			
	賦類 14	漢 3			
		南北朝 3			
		唐 6			
		宋 2			
	歌詞類 20	宋 12			
		元 7			
		本朝 1			

部　類	二級類目	三級類目	四級類目	五級類目	總計
集錄 7 類 579 種	選集類 77	文 39	南北朝 4		
			唐 12		
			宋 8		
			元 4		
			本朝 5		
		詩 38	晉 3		
			宋 24		
			元 3		
			本朝 8		
4 部	39 類				1766 種

（三）（嘉靖）《浙江通志・藝文志》的特色與價值

　　（嘉靖）《浙江通志・藝文志》採用了四部分類法。其於經部各小類下，依經文、傳注、疏文、外書等設三級類目、依朝代設四級類目。其中，四書類・注疏之下先分爲「論語」、「學庸」、「孟子」、「其他」〔註54〕4 類，4 類之下再依朝代著錄。是爲五級類目。於史部、子部、集部各類之下，則依朝代設三級類目，著錄具體書目。其中，子類・仙釋類下先分仙、釋二類；集錄・選集類下先分文、詩二類，之後復各依朝代細分，爲四級類目。（嘉靖）《浙江通志・藝文志》對多種分類依據的立體化運用以及五級類目的嚴愼設置，體現出編纂者較強的分類意識。然而，其於同級類目之中將兩種分類依據並行的方法（按：如經部之三級類目依書籍性質設類，史、子、集三部之三級類目則依朝代設類）則打破了類目之間的邏輯聯繫。一目之中，凸顯了經部書籍的學術性，但同時也弱化了其他三部的學術色彩。同時，將多種分類依據平面並用的做法亦模糊了類目之間的界線，會造成書籍歸類混亂的問題，不利於書籍的查檢使用。（嘉靖）《浙江通志》爲浙江《通志》之嚆矢，其體例設置成爲後世官修志書的依據。

　　此外，（嘉靖）《浙江通志・藝文志》子類・儒家類下「宋」、「元」、「本朝」三類皆著錄理學家著作。將理學家著作置於儒家類的做法表明了其時理學的學術正統地位的確立。其子類下又有類書類，著錄唐（3 種）、宋（21）2 朝類書 24 種。該目未將類書於四部之外單獨著錄、而是將其置於子部的編纂

─────────────

〔註54〕按：「孟子」之後僅著錄各書，未標注類目名。全爲四書類書籍，故作一類。

方式是對《古今書錄》設類傳統的繼承。然其並未採用將類書置於雜家類的舊制，而是專設類書類歸置的原因亦爲焦竑所稱「雜家出自一人，類書兼總諸籍」〔註55〕之故。

　　合併著錄作者是（嘉靖）《浙江通志・藝文志》的特色之一。該目對同一類目下同一人的多部作品只著錄一次作者，作品之間用「又」、「並」、「又有」等詞連接，或直接著錄。如：

　　　　四書類・注疏

　　　　王栢《論語衍義》，又《論語通旨》。

　　　　時少章《論語大義》，又《論語贅說》。

（嘉靖）《浙江通志・藝文志》亦有著錄失誤之處。如其「史・圖志」類著錄有王象之《輿地紀勝》一書，稱「《通考》作《輿地圖》」。

　　按，馬端臨《文獻通考》載「《輿地圖》十六卷，陳氏曰王象之……」〔註56〕。則《輿地圖》十六卷亦爲王象之所撰，與《輿地紀勝》相輔行世，而非一書。陳振孫《直齋書錄解題》稱「《紀勝》逐州爲卷，《圖》逐路爲卷」〔註57〕者是也。

〔註55〕　（明）焦竑：《國史經籍志》卷四下，伍氏刻本。

〔註56〕　（元）馬端臨：《文獻通考》卷二百四《經籍考三十一》，清浙江書局本。

〔註57〕　（南宋）陳振孫：《直齋書錄解題》，第150頁，濟南：山東畫報出版社，2004年。

第五章　明代的專科書目

專科目錄是指專門收錄經、史、子、集、佛、道等某一特定知識領域的書目，學術性爲書目的定性標準。

明代經濟繁榮，思想活躍，學術界百花齊放，經史之外、醫學、文學、戲劇、宗教等各學術領域的發展趨勢皆呈井噴之狀，著作的數量隨之激增，而專門收錄某一學術領域的學科目錄也隨之進入了繁盛期。

本章設經學目錄、醫學目錄、宗教目錄與戲曲雜劇目錄四節對明代專科目錄的成果展開討論。其中，宗教目錄之內釋、道二家分論，戲曲、雜劇二類亦分論，以求對目錄的類別作出盡可能細緻的區分，使明代專科目錄的編纂成果盡可能全面地展現在世人面前。

第一節　經學目錄

在明代的經學思想領域，雖然四書、理學受到了空前的重視，地位提升，但五經的學術主導性仍不可撼搖。

明代的五經學研究成果斐然。官方而言，明初胡廣奉敕編定有《五經大全》，政府將之頒賜各地，體現出官方對五經的重視。民間亦湧現出大量的相關著述。其中，《易》學的代表作有蔡清《易經蒙引》，來知德《周易集注》等。《四庫全書》收錄有明代易學著作 20 餘種，存目亦收錄 150 餘種，可見其重要性。《尚書》的研究成果主要體現在辨僞領域，以梅鷟《尚書譜》、《尚書考異》爲代表。辨僞之外，又有劉三吾《書傳會選》、馬明衡《尚書疑義》等經解著作。《詩經》的研究以音韻、名物考據方面的成就較爲顯著，有陳第

《毛詩古音考》、馮應京《六家詩名物疏》、何楷《詩經世本古義》等重要的詩學著作問世。此外，《明史‧藝文志》著錄有《禮》類著作 107 種、《春秋》類著作 131 種〔註1〕，皆煌煌可觀，不容忽略。

專門性著述外，五經的地位及成就在明代的書目中亦有所體現。於綜合性書目繼續保持五經的類目獨立性、前置性外，又出現有《經序錄》、《授經圖義例》等專門收錄經學敘錄、追溯經學傳授史的專門性書目，體現出明代目錄學家對五經的重視。

此二種經學專科目錄俱為朱睦㮮所著，一為輯錄體書目，上承《文獻通考‧經籍考》，下啓《經義考》，具有重要的承繼價值。一為多體例、綜合性的經學目錄，是一部事實上的經學史專著。

一、朱睦㮮《經序錄》

（一）《經序錄》的版本與編纂體例

揚州市圖書館藏清抄本《經序錄》半頁十行，行二十字。前有嘉靖三十九年（1560）周大禮《經序錄敘》，稱頌了朱睦㮮的學術成就，介紹了《經序錄》一書的選材範圍、編纂體例及創作動機，稱「凡為經之傳注訓詁者皆載其文，使世之學者不得見其書而讀其序，固以知其所以為書之意，庶以廣其聞見而不安於固陋，實嘉惠後學之盛心也」〔註2〕，追述了歷代學術源流並對當時學術中的存疑之處提出了自己的看法。國圖亦藏該本，存卷二至卷五。

《經序錄》為明周藩宗室西亭中尉朱睦㮮所輯錄的經部專科目錄。因其所輯者皆為經部書籍的序跋解題，故而得名。

《經序錄》依照序跋對象的內容分為五卷，卷之一著錄易類 37 種，卷之二著錄書類 18 種，卷之三著錄詩類 18 種，卷之四著錄春秋類 31 種，卷之五著錄禮類 16 種，總輯錄經部文籍序跋 120 種。各卷前皆有該卷之《目錄》，著錄序跋名及作序之人姓名或齋號，其後著錄該卷所收序跋，皆抄錄全文。其體例為：

> 經序錄目錄之一
>
> 《周易正義序》。孔穎達。

〔註1〕 按：本段相關數據援引自郭素紅：《明代經學的發展》第五章，山東大學博士論文，2008 年。

〔註2〕 （明）周大禮：《經序錄敘》，《經序錄》卷首，清抄本。

《周易略例序》，邢璹。

⋯⋯

經序錄卷之一

《周易正義序》

夫易者，象也；爻者，效也。⋯⋯故序其大略，附之卷首爾。

（二）《經序錄》的內容與價值

《樂經》亡佚後，五經並行天下。《經序錄》所選輯的各家序跋百餘種皆為歷代五經傳注訓詁的扛鼎之作，其序跋亦皆出名家之手。以這部分序跋為對象進行研究，可考見中國古代經學思想的流變傳承，具有重要的學術價值。

從時代特點看，《經序錄》著錄有大量宋明理學家序跋，如程頤《周易傳序》、《春秋傳序》，朱熹《周易本義序》、《易啓蒙序》，湛若水之《春秋正傳序》、《二禮經傳序》，楊簡《易解序》，湛若水《春秋正傳序》、《二禮經傳序》等。此類序跋多以理學思想甲乙書籍內容。如《書集傳序》：

《書》載帝王之治，而治本於道，道本於心。道安在？曰在中。
心安在：曰在敬。揖讓放伐、制度詳略等事雖不同，而同於中。欽恭寅祇慎畏等字雖不同，而同於敬。求道於心之敬、求治於道之中，詳說反約，《書》之大旨，不外是矣。⋯⋯

從序跋作者身份看，《經序錄》輯錄者既有自序，亦有他序。自序如孔穎達《周易正義序》、《尚書正義序》、《毛氏正義序》、《春秋正義序》、《禮記正義序》，李鼎祚《周易集解序》等，為一書作者或編纂者手自擬定，多記該書的編纂緣由、過程，介紹作品大意，敍述生平遭際、學術理念等等，是讀者瞭解該書的最直接、最可靠的資料。他序如方時發《尚書名數索至序》、魏安行《春秋尊王發微序》、林希逸《嚴氏詩緝序》、吳師道《詩集傳名物抄序》、胡一中《詩童子問序》、翟思忠《詩傳旁通序》等，為他書所作之序或為有感而發，或為應酬之作。前者相對較為客觀，往往直抒胸臆；後者多有捧頌過譽之嫌，然亦不乏中肯者。

又有佚名《書序》一種，介紹了《尚書》各篇篇名之由來，又簡述各篇內容，具有極高的參考價值。此外，另有選輯一書多種序跋者，則只著錄一次，下以解題形式標注種數。如吳澄《三禮考注序》下曰「六首」。

《經序錄》輯錄的各家序跋中保存了豐富的文獻信息。其中，有記書籍刊定付梓之經由者。如《春秋意林序》：

清江爲二劉、三孔鄉，文獻宜徵而足。今三孔集故在，獨二劉作者毀於兵。假守於此，非惟無以致尚古之意，亦無以應求者之情。旁加搜訪，得原父《春秋意林》、《三傳》、《權衡》，議論堅正，有功聖經。異時立朝抗節，不畏權倖，爭故相之諡法，奪臣官至使名，深得筆削之義，廼知所學蓋有自來歟。然則是書之存，實有關於世教。再壽諸梓，庶幾著前輩之懿、補郡乘之缺云。

有記一書之體例、內容、作者等相關信息者。如《書序》一篇著錄《尚書》各篇的由來、內容。又如《輯周易鄭康成注序》稱「鄭康成學費氏《易》，爲注九卷，多論互體」，《詩童子問》稱「《詩童子問》者，潛菴輔傳貽先生所著，羽翼朱子之《集傳》者也」等。

有記學術源流、學術觀點者。如《輯周易鄭康成注序》：

……以互體求《易》，《左傳》以來有之。……弼注比六四之類，或用康成之說。鍾會著論，力排互體而茍顗難之。江左鄭學與王學並立，茍崧謂康成書根源。顏延之爲祭酒，黜鄭置王。齊陸澄詒王儉書云：《易》自商瞿之後，雖有異家之學，同以象數爲宗。數年後乃有王弼之說。王濟云弼所誤者多，何必能頓廢先儒。今若弘儒，鄭注不可廢。河北諸儒專主鄭氏，隋興，學者慕弼之學，遂爲中原之師。此景迁晁氏所慨歎也。……

有品評作者、作品，論述其價值功用者。如《春秋繁露序》：

六經道大而難知，惟《春秋》，聖人之志在焉。自孔子沒，莫不有傳。名於傳者五家，用於世才三而止爾。其後傳出學散，源迷而流分。蓋公羊之學，後有胡母子都。董仲舒治其說，信勤矣。嘗爲武帝置對於篇，又自著書以傳於後。其微言至要，蓋深於《春秋》者也。然聖人之旨在經。經之失傳，傳之失學，故漢諸儒多病專門之見，各務高師之言，至窮智畢學，或不出聖人大中之道，使周公、孔子之志既晦而隱焉。董生之書，視諸儒尤博極閎深也。……

此外，《經序錄》的輯錄內容亦可提供某書見載於他處的相關信息。如《讀書從說序》稱「……先生金華人，其諱字世系言行本末具今翰林直學士烏陽黃公溍所爲《墓誌序銘》」。又如《春秋尊王發微序》「……若先生操履孝問，則有范文正公《薦章》、歐陽文忠公《墓誌銘》載之詳矣」等，爲後世考證作者信息保存了史料線索。

（三）以《經序錄》為代表的明代輯錄體書目的文獻價值

輯錄體書目「特指目錄學領域內輯錄序跋和相關資料作為書目提要的著作」〔註3〕，這種編纂方式由元代馬端臨的《文獻通考‧經籍考》確立，至明代，則朱睦㮮《經序錄》、王圻《續文獻通考‧經籍考》、曹學佺《蜀中廣記‧著作記》等書目皆採用了輯錄體的編纂形式。

其中《經序錄》成書於明中葉，問世較早，且完全輯錄他人序跋成書，故而可看做是明代輯錄體書目的代表。該書的編纂目的如周大禮所言，欲「使世之學者不得見其書而讀其序，固以知其所以為書之意，庶以廣其見聞」〔註4〕，與馬端臨於《文獻通考》自序中所稱「俾覽之者，如入群玉之府而閱木天之葳，不特有其書者，稍加研窮，即可以洞究旨趣，雖無其書者，味茲題品亦可粗窺端倪，蓋殫見洽聞之一」〔註5〕的編纂意圖相近。由此可見，輯錄體書目最重要的價值乃是盡可能全面地為讀者提供瞭解圖書的途徑，從而使閱讀者借斑窺豹，開闊視野，增長見聞。姚名達將該書與《授經圖義例》並稱為《經義考》之前奏，稱「二書雖非純粹目錄體裁，而實開通考古今經書、移錄原序之創例。清初朱彝尊遂仿其遺意，為目錄學闢一新大陸焉」〔註6〕，乃是對《經序錄》在輯錄體書目發展史中承啓地位的認可。

《經序錄》是經部的專科目錄，未曾包含四部。且該書只做輯錄、不作探究，於學術性上較之前後各代書目則略有欠缺。明末清初張雋撰有《古今經傳序略》一書，亦採用了輯錄體的編纂形式。相對於《經序錄》而言，《古今經傳序略》輯錄序跋的數量更多、跨越時間更廣且包舉四部、更為完備。且張雋於輯錄他人序跋的同時，亦加入了自己的點評，使得該書的編纂體例更趨成熟，故而對《經義考》及《四庫全書總目》的影響亦更為直接。《古今經傳序略》收錄了歸有光《經序錄序》，張雋批稱「此序見太僕集中，惜不得其書為之一正」〔註7〕，則張氏或未嘗得見《經序錄》原書，而只是考鑒了該書的編纂體例。

〔註3〕 曹金髮：《輯錄體目錄史論》，第 33 頁，合肥：黃山書社，2012 年。

〔註4〕 （明）周大禮：《經序錄敘》，《經序錄》卷首，清抄本。

〔註5〕 （元）馬端臨：《文獻通考》自序，北京：中華書局，1986 年。

〔註6〕 姚名達：《中國目錄學史》，第 313、314 頁，上海：上海古籍出版社，2002 年。

〔註7〕 吳忠匡：《明張雋編選〈古今經傳序略〉（抄本）題記》，《文獻》1984 年第 20 期，第 265 頁。

二、朱睦㮮《授經圖義例》

（一）《授經圖義例》的成書與取材

朱睦㮮《授經圖義例序》有言：「余觀《崇文總目》有《授經圖》，不著作者名氏，敘《易》、《詩》、《書》、《禮》、《春秋》三家之學。求其書，亡矣。及閱章俊卿《考索圖》，六經皆備，間有訛舛。」可知此書是朱睦㮮受已經亡佚的《授經圖》一書的啓發、並在《山堂考索》的經學宗派圖的基礎上增訂而成的。該書「首敘授經世系，次諸儒列傳，次諸儒著述、歷代經解名目卷數」﹝註8﹞，邏輯合理，層次有序，具有明代罕見的較爲成熟的「辨章學術，考鏡源流」的目錄學意識。

朱睦㮮《授經圖義例》是在章若愚《山堂考索》的基礎上增訂而成。朱睦㮮於《授經圖義例序》中詳細交代了該書的編纂情由。其因《山堂考索圖》對東漢以下的諸儒授受派系著錄未備，故而「稽之本傳，添之諸說，以嘗請業及家學者各爲之圖，以一二傳而止者亦錄之，以備諮考」。又因章氏舊圖無傳，僅於圖後「或錄經論數條，而諸儒行履弗具，使覽者不知其爲何如人」，故而「捃摭其要而作傳，無關經學、無裨世教者皆略」。圖、傳俱成，復以諸儒著述及歷代經解附之於後，乃成《授經圖》完例。這一編纂方式明確反映出了《授經圖義例》追溯學術授受源流的著述目的。惜乎《授經圖義例》原本已佚，今人只能憑藉睦㮮此序對其原始面貌作出大致的推測。

黃虞稷於校刻睦㮮《授經圖義例》舊本時，意欲在其基礎上補全歷代諸儒經注，因而對該書的體例、內容皆做了一定的調整增補。校訂本無論從著錄內容抑或編纂體例上皆與舊本具有較大的差異。黃氏《授經圖義例序》稱：「《易》則以復古爲先，《書》則以今文爲首。其他經傳之缺軼者，復取歷代史《藝文志》及《通志》、《通考》所載，咸爲補入，而近代傳注可存者亦間錄焉。」﹝註9﹞可知黃虞稷對該書所作改動有二：一爲調整了《易》、《書》二類的著錄次序，二爲輯取歷代史志、政書及其時存世的各家經傳內容對原書進行增補。

其中，黃虞稷所輯錄的內容有取自漢《藝文志》者，如「《古經》五十六卷。漢《藝文志》」；有取自隋《經籍志》者，如「《私記制旨中庸義》五卷。

﹝註8﹞　（清）永瑢：《四庫全書總目》，第731頁，北京：中華書局，1965年。
﹝註9﹞　（清）黃虞稷：《授經圖義例序》，《授經圖義例》卷首，清文淵閣《四庫全書》本。

隋《經籍志》」（按：又有標爲『隋《藝文志》』者，如『《春秋決疑論》一卷。隋《藝文志》』）；有取自唐《藝文志》者，如「《禮記隱》三十六卷。唐《藝文志》」；有取自《舊唐書・藝文志》者，如「《春秋雜義》五卷。《舊唐書・藝文志》」；有取自《四庫書目》者，如「《尙書會解》十三卷，《四庫書目》」；有取自《崇文總目》者，如「《授經圖》三卷，《崇文總目》」；有取自宋《藝文志》者，如「《六經疑難》十四卷。宋《藝文志》」；有取自晁公武《讀書後志》者，如「《六家經要》四卷。晁氏《讀書後志》」；有取自鄭樵《通志略》者，如「《禮記名義》十卷。《通志略》」；有取自《文淵閣書目》者，如「《家人衍義》二卷。《文淵閣書目》」；又有直接標注「《經籍志》」者，如「《周易集傳》十一卷。《經籍志》」。

朱睦㮮本意爲追溯經學源流，故「所述列傳止於兩漢」。黃虞稷後乃雜採諸家以補之，雖與朱氏本意有悖，但具有保存文獻的學術價值，亦可稱道。

（二）各家對《授經圖義例》的著錄及該書的版本源流

朱睦㮮不僅是藏書家，更是經學家，《易》學與《春秋》之學的修爲尤爲深厚。名儒呂柟曾過開封，與朱睦㮮討論《周易》，「歎服而去」。

朱睦㮮《授經圖義例》成書以後，受到學術界、收藏界關注，見於各家書目的著錄不少。王圻《續文獻通考》較早著錄該書，稱「朱睦㮮《授經圖》二十卷，《經序錄》一卷」〔註10〕。成書於清初的《千頃堂書目》載「周藩宗正睦㮮《授經圖》二十卷。本《崇文總目》中《授經圖》之意，著五經授受諸儒同異及古今經解目錄成編」〔註11〕。《明史》載「周藩宗正睦㮮《授經圖》二十卷。又《五經稽疑》六卷。又《經序錄》五卷」〔註12〕。朱彝尊《經義考》載「《授經圖》二十卷，存」，全引睦㮮《序》，又引黃虞稷言，稱「本《崇文總目》中《授經圖》之意，著《五經授受諸儒同異》及《古今經解目錄》成編」，又稱「錢遵王《敏求記》作五卷」〔註13〕。

乾隆間纂修《四庫全書》，翁方綱有《纂四庫提要稿》，亦載《授經圖》二十卷，稱「汴上睦㮮」者，因朱睦㮮爲周藩宗正，居於汴梁（按：即今日

〔註10〕　（明）王圻：《續文獻通考》卷一百七十二《經籍考》，清文淵閣《四庫全書》本。
〔註11〕　（清）黃虞稷：《千頃堂書目》卷三，清文淵閣《四庫全書》本。
〔註12〕　（清）張廷玉：《明史》卷一百三十三，清抄本。
〔註13〕　（清）朱彝尊：《經義考》卷二百四十九《群經》，清文淵閣《四庫全書》本。

之河南開封）之故。翁氏稱此書「舊無刊本，至黃虞稷、朱彝尊始同校訂刻之。彝尊遂因之以撰《經義考》，於是經學授受源流燦然備具矣。應抄存之」〔註14〕。翁方綱稱《授經圖義例》爲《經義考》之嚆矢，乃是認識到了該書對輯錄體書目的承啓價值。然其稱該書「舊無刊本」之言實爲失察。朱睦㮮子勤美於《授經圖義例跋》中稱：「《授經圖》二十卷，乃家君所著。藏之笥中久矣。癸酉秋，美於講習之暇，請付諸梓，因敘其大略云。」該跋作於萬曆二年（1574）孟春十日，可知該書於萬曆初曾有付梓事。《中國古籍善本書目》亦著錄有「《授經圖》二十卷，明朱睦㮮撰，明萬曆刻本」。萬曆刻本當爲《授經圖義例》的初刻本。

康熙中，黃虞稷以家藏舊寫本爲底本，與錢塘龔翔麟對該本進行了校核增補並付諸於梓。黃虞稷於《序》中記述了校刻時改動舊本的緣由及方法：「西亭舊本，先後不無舛錯。予與龔子蘅圃重爲釐正，《易》則以復古爲先，《書》則以今文爲首。其他經傳之闕佚者，復取歷代史《藝文志》及《通志》、《通考》所載，咸爲補入，而近代傳注可存者亦間錄。」〔註15〕

《四庫全書總目》將黃虞稷校改本收錄於史部目錄類，且於《提要》中對黃虞稷篡改原本的做法大加批評，認爲黃氏不但增補未備，時有舛誤，且其意欲補全歷代諸儒經注的做法亦與朱睦㮮追溯經學源流的著書目的相悖，頗有畫蛇添足之弊。《宋元明清書目題跋叢刊》據《四庫全書》本影印。

至此可知，朱睦㮮《授經圖義例》最初由朱氏父子於萬曆時期刻梓，後又有抄本傳世，這些版本雖流傳非廣，但卻保存了該書的原始面貌。至康熙間，該書爲黃、龔二人校補付梓、並爲《四庫全書》收錄之後，雖廣傳天下，但已不復原始舊貌。萬曆刻本雖更爲原始，然極爲罕見，難以覓得，故而本文仍以文淵閣《四庫全書》所收黃氏校刻本爲對象展開討論。

（三）《授經圖義例》的編纂體例

《四庫全書》本《授經圖義例》首爲四庫館臣所撰提要、黃虞稷《授經圖義例序》、朱睦㮮《授經圖義例序》。其後分二十卷著錄易、書、詩、春秋、三禮五經，又附諸經解，共著錄經部書籍2446種。該書著錄的五經各分四卷，

〔註14〕（清）翁方綱：《翁方綱纂四庫提要稿》，第437頁，上海：上海科學技術文獻出版社，2005年。

〔註15〕（清）黃虞稷：《授經圖義例序》，《授經圖義例》卷首，清文淵閣《四庫全書》本。

編纂體例相同。其中，各經首卷皆爲該經的「編纂凡例」，即對該經傳注的收錄原則、著錄方式等情況做大致的交代，第二卷爲該經的授經世系圖，第三卷爲授受該經的朱鷺撰略，第四卷爲諸儒著述附歷代傳注，下根據各經的具體情況各自分類，類目不一。最末爲朱勤羹《授經圖義例跋》。

《授經圖義例》著錄書名、卷數，簡要著錄作者、書籍來源、全缺情況、年代、書籍內容等信息。其體例如：

《連山》十卷。（夏后氏《易》，司馬膺注）。

《春秋加減》一卷。（唐元和中定）。

《春秋四傳》三十八卷。（《左》、《胡》、《公》、《穀》）。

《詩經故訓》二十八卷。（魯、齊、韓三家）。

《授經圖義例》的類目設置與各類著錄數量詳見下表：

卷 次	部 類	二級類目	總 計
卷一至卷四 易	易		
	（授經世系圖）		
	諸儒傳略		
	諸儒著述附歷代三易傳注 700	古易 16	
		石經 4	
		章句 10	
		傳 43	
		注 90	
		集注 38	
		義疏 108	
		論說 248	
		類例 15	
		譜 3	
卷一至卷四 易		考正 7	
		數 9	
		圖 32	
		音 10	
		緯 10	
		占筮 27	
		擬易 30	

卷　次	部　類	二級類目	總　計
	書		
	（授經世系圖）		
	諸儒傳略		
卷五至卷八 書經	諸儒著述附歷代《尚書》傳注 268	伏生今文 3	
		孔壁古文 9	
		石經 6	
		章句 5	
		傳 13	
		注 20	
		集注 24	
		義疏 41	
		問難 21	
		訓說 86	
		圖 11	
		譜 4	
		音 10	
		緯 2	
		逸書 6	
		續書 7	
卷九至卷十二 詩經	詩		
卷九至卷十二 詩經		（授經世系圖）	
		諸儒傳略	
	諸儒著述附歷代四《詩》傳注 242	石經 4	
		故訓 10	
		章句 3	
		傳 21	
		注 16	
		集注 17	
		義疏 44	
		詞辯 28	

卷　次	部　類	二級類目	總　計
		論說 47	
		序解 15	
		譜 7	
		名物 7	
		圖 7	
		音 14	
		緯 2	
卷十三至卷十六春秋經	春秋		
	（授經世系圖）		
	諸儒傳略		
	諸儒著述附歷代《春秋》傳注 606	古經 1	
		石經 11	
		章句 6	
		傳 15	
		注 47	
		集注 33	
		義疏 75	
		論說 236	
卷十三至卷十六春秋經		序解 8	
		類例 42	
		圖 19	
		譜 33	
		考正 31	
		音 25	
		讖緯 8	
		（未標注）16	

卷　次	部　類	二級類目	總　計
卷十七至卷二十 三禮經	三禮		
	（授經世系圖）		
	諸儒傳略		
	諸儒著述附歷代三 《禮》傳注 476	古經 4	
		石經 7	
		傳 13	
		章句 1	
		注 37	
		集注 25	
		義疏 60	
		論說 72	
		問難 37	
		中庸 49	
		大學 38	
		月令 11	
		檀弓 4	
		喪服 66	
		圖 24	
		音 24	
		緯 4	
附	諸經解 154		
五經	2446 種		總　計

（四）《授經圖義例》的特色與價值

　　朱睦㮮於《授經圖義例》各經首卷中皆介紹了對該經內容的著錄原則，對章若愚《山堂考索》的修訂經由亦多有交代。各經首卷的內容是朱睦㮮經學思想與目錄學思想的直接反映。

　　在編纂時，朱睦㮮以精專、全面作爲《授經圖義例》的收錄標準。例如，其於《易》經首卷稱，在編纂諸儒傳略時，「有關經學則詳，否則識其出處大

節而已」，目的是爲了凸顯《授經圖義例》經學專科目錄的性質。對生平事蹟鮮少流傳、不可爲傳之儒則「附其姓氏爵里於諸傳內」；對同一作者兼有多種經學作品的情況，「傳只一見，餘皆繫名於各派之下，覽其圖則自知」，從而儘量保證收錄的完整性。

朱睦㮮對《山堂考索》多有訂補。其中，對舊圖遺漏的部分，朱睦㮮「據《注疏》及《史》、《漢》諸書補入《易》二十九人、《書》二十八人、《詩》十四人，《春秋》三十三人，《禮記》一人，《周禮》十一人」〔註16〕。《書》經部分，舊圖不分古文、今文，朱睦㮮則對二派進行了區分，「古文首推孔安國，今文首伏生，以見二派各有傳」〔註17〕。對舊圖著錄失誤之處，如朱睦㮮亦一一予以訂改，並於各經首卷標明，便於讀者參照。

筆者認爲，《授經圖義例》於學術價值方面的貢獻大致有四。其一，朱睦㮮《授經圖義例》以五經的授經世系圖結合各經學家人物傳、各家著述、歷代傳注的方式，理清了經學的學術源流，是經學專科目錄步入成熟的前奏，堪稱一部早期的經學史。《四庫全書總目》稱：「朱彝尊《經義考》未出以前，能條析諸經之源流，此書實爲嚆矢。」〔註18〕其二，《授經圖義例》的授經世系圖是在《山堂考索》舊圖的基礎上增補修訂而成，較之舊圖更爲全備。圖表的優勢在於可以將各經的授受世系直觀地展現出來，令人一目了然，便於查考檢索。後世朱彝尊的《經義考》雖同爲理清經學源流而作，然未曾承繼《授經圖義例》甚爲直觀的圖表形式，不能不說是某種程度上的遺憾。其三，《授經圖義例》依據《注疏》、《史記》、《漢書》等增補了舊圖未載的經學家116人〔註19〕，具有輯錄之功，增強了收錄的完整性。其將諸儒傳略置於授受世系圖之後，二者相互配合，有助於讀者瞭解經學家的生平事蹟，大大提高了該書的史料價值。其四，《授經圖義例》於各經的「諸儒著述附歷代傳注」之下依照各書的內容性質對所收諸書進行了目錄學的分類，使該書具有了經學史藝文志的意味。其收錄既全、又分類有序、便與檢索，爲後世瞭解其時的經學發展情況提供了極大的幫助。

〔註16〕　按：參見《授經圖義例》卷一。文淵閣《四庫全書》本。
〔註17〕　按：參見《授經圖義例》卷五。文淵閣《四庫全書》本。
〔註18〕　（清）永瑢：《四庫全書總目》，第731頁，北京：中華書局，1965年。
〔註19〕　按：其中《易》二十九人、《書》二十八人、《詩》十四人，《春秋》三十三人，《禮記》一人，《周禮》十一人。參見《授經圖義例》卷一，文淵閣《四庫全書》本。此外，該書著錄作者之書皆不標出處，反之亦然，則著錄作者之書或爲其書原貌，而著錄出處之書當爲黃虞稷增補者。茲存疑，有待一步核考。

　　《授經圖義例》徵引廣博，編排有序。後世經學家於論述中多引此書的記載爲據。如《漢書藝文志拾補》論費氏《易說》，稱「明朱睦㮮《授經圖》曰『費直自爲易，以相授受，原無師傳』」〔註20〕。又有保存文獻的價值，可據以考訂古籍存佚流傳。如《勉行堂文集》著錄《讀易舉要跋》稱「俞氏琰《讀易舉要》四卷，見《文淵閣書目》及焦氏《經籍志》、朱睦㮮《授經圖》，今其書不傳，而《永樂大典》有之，亦非完本，採掇得四卷」〔註21〕。《善本書室藏書志》著錄有舊抄本《易象義》十六卷，解題稱「是編諸家著錄多作十卷。朱氏《授經圖》作十一卷，焦氏《經籍志》作十四卷，殆一兼《論例》，一併兼《大衍索隱》耳」〔註22〕。

第二節　醫學目錄──以《醫藏書目》爲例

　　我國古代的醫學專科目錄見於典籍載錄者或以宋《秘書省續編到四庫闕書目》所載之「《醫經目錄》二卷」、「《大宋本草目》三卷」二種爲最早。至明代，則有嘉靖間李濂選錄歷代名醫行聞撰成的《醫史》十卷，《千頃堂書目》載爲《嵩渚醫書目錄》。又有萬曆間殷仲春編著的《醫藏書目》一卷。以上前三種書目今皆亡佚，而《醫藏書目》成爲現存最早的我國古代醫學專科目錄。

一、《醫藏書目》的作者與成書

　　《醫藏書目》，明殷仲春輯。殷仲春字方敘，號東皋子，浙江秀水人，生卒年不詳，約生活於萬曆中後期。其人精於岐黃，志行高潔，恬淡隱世。（康熙）《嘉興縣志》將殷仲春列入《隱逸》，稱：「隱居城南，茅屋葭牆，不避雨，絃歌賣藥，淡如也。喜購古帖殘書，補葺考校。生平落落寡合，遇顯者輒引避。子志伊，字古耕，胼胝力田，好讀《晉書》。華亭陳繼儒贈之以詩。」〔註23〕（康熙）《秀水縣志》又載「（殷仲春）每訓其子志伊曰：『醫爲司命，藥若用兵。寧以儒貧，勿以醫戲』。父子俱爲名醫，刀圭所至，靡不立愈，其於貴富貧賤無異視也。志伊子觀國、孫銘，傳其家學，四世工岐黃之術，俱有隱德」〔註24〕，對殷仲春皆頗爲讚賞。殷仲春行醫之餘雅好收藏醫書，又多著

〔註20〕　（清）姚振宗：《漢書藝文志拾補》卷一，民國《師石山房叢書》本。
〔註21〕　（清）程晉芳：《勉行堂詩文集》卷五，合肥：黃山書社，2012年。
〔註22〕　（清）丁丙：《善本書室藏書志》卷一，清光緒刻本。
〔註23〕　（康熙）《嘉興縣志》卷一九二《隱逸》，康熙二十四年（1685）刻本。
〔註24〕　（康熙）《秀水縣志》，康熙二十四年（1685）刻本。

述，有《葆楮廠賦》、《醫藏書目》、《醫說》、《棲老堂集》〔註 25〕等行世。

　　《醫藏書目》是殷仲春編著的醫學專科目錄。其於《醫藏書目序》中稱「平生嗜醫家書，恨不多見。僕在寧國，日暇無事，而江西朱純宇先生處久識寧國諸醫家並仕宦家，以饒道尊命，挾一刺借觀，然後知醫書之浩汗也」〔註 26〕。又稱「饒道尊為浙省提學，酷愛醫家之籍，所收甚富。寧國日出所藏，考訂校正，雖不訖其卷帙，聊記名目焉」〔註 27〕。可知《醫藏書目》所收諸書為殷仲春目見者，其中多為饒提學與寧王府所藏醫書。殷仲春將這些醫籍「列為十數函，標為函目，使仁人求其書而廣濟於群生也」〔註 28〕。

　　殷仲春於《醫藏書目自記》中道明該書的命名緣由，稱「《醫藏錄》者取諸《如來法藏》。權立其名，以濟度群生也」〔註 29〕。可知《醫藏書目》之名源於佛藏，取佛法、醫道皆可濟救蒼生之意。

　　殷仲春雖以岐黃立身，然亦為儒士，又尚隱逸，且具有較高的佛學修養。明代中後期的佛教趨於民間化、大眾化，出現儒士居家談禪的現象，「縉紳士大夫有捧咒念佛，奉僧膜拜，手持數珠以為戒律，室懸妙像以為皈依，不知遵孔子家法，而溺意於禪教沙門者」〔註 30〕。自宋濂至王守仁，自「性靈說」的興起以至晚明四大高僧的出現，皆體現出了儒者修禪的社會風氣。殷仲春傾心佛學，與秀水金明寺僧智舷交遊甚密。《醫藏書目》卷首有智舷所作序文，以藥王菩薩比諸殷氏父子，贊其所撰《醫藏書目》如同渡海之筏，「欲與世之業醫者同乘此筏，遊於病苦之海，令彼已病、當病未病、憂愁苦惱者同登安樂之彼岸，然後已乎」〔註 31〕。殷觀國跋亦稱該書「取象教三乘五宗之旨，而實仰體釋迦、老子慈心，廣無上正覺，用惠後學於靡窮」〔註 32〕。

〔註 25〕按：《冷廬醫話》作《安老堂集》。據筆者考證，殷仲春作著乃《棲老堂集》。《安老堂集》為元末明初陳南賓（名光裕，以字行）所撰。陳南賓有「安老堂」，以堂號為集名。參見《明史》卷一三七《列傳第二十五・陳南賓》。

〔註 26〕（明）殷仲春：《醫藏書目序》，《醫藏書目》卷首，明崇禎刻本。

〔註 27〕（明）殷仲春：《醫藏書目序》，《醫藏書目》卷首，明崇禎刻本。

〔註 28〕（明）殷仲春：《醫藏書目序》，《醫藏書目》卷首，明崇禎刻本。

〔註 29〕（明）殷仲春：《醫藏書目自記》，《醫藏書目》卷首，明崇禎刻本。

〔註 30〕南炳文、何孝榮：《明代文化研究》，北京：人民出版社，2006 年，第 302 頁。

〔註 31〕（明）釋智舷：《醫藏書目序》，《醫藏書目》卷首。明崇禎刻本。

〔註 32〕（清）殷觀國：《重刻醫藏目跋》，《醫藏書目》卷首，順治十三年（1656）刻

二、各家對《醫藏書目》的著錄與《醫藏書目》的版本

　　《四庫簡明目錄標注》載「《醫藏書目》一卷。明殷仲春編。明季刊本」〔註33〕。《竹崦庵傳抄書目》載「《醫藏目錄》一卷。明殷仲春撰。五十九」〔註34〕。《聿修堂藏書目錄》載「《醫藏目錄》一卷。一冊。收在清御書樓無板書中。明殷方叔撰」〔註35〕。《兩浙著述考》載「《醫藏書目》。明秀水殷仲春撰。仲春字方叔，自號東皇子。業醫得錢，輒入市買斷爛書讀之。此書見（雍正）《浙江通志‧經籍》，未見」〔註36〕。此外，《冷廬醫話》載「秀水殷方叔仲春《醫藏書目》一卷，就其生平所見醫書，自上古以及近世咸載焉。分為十二函，函各數十種，首曰無上函，……蓋本孫思邈大醫須兼識陰陽卜相之意」，云云。

　　《醫藏書目》的見存版本大致有六：

1. 明崇禎初刻本。一卷。該本所錄各書的作者項、卷數項中有墨塊若干，乃編目時留白、以待後日補錄之意。1955 年上海群聯出版社據以影印，《中國古典醫學叢刊》之一。《宋元明清書目題跋叢刊》影印收錄。

2. 順治十三年（1656）殷仲春之孫觀國重刻家藏本。中國中醫研究院圖書館

3. 清抄本。中國中醫研究院圖書館。

4. 民國陳氏慎初堂抄本。有殷仲春自序、僧智舷序、洪邦基序，為鄭振鐸校勘過，跋曰「《醫藏書目》一卷，明殷仲春撰。陳氏慎初堂抄本一冊。民國三十年一月二十日，假范君所藏明刊本校勘一過。明刊本半葉九行，行十八字，並附《痧疹心要》。抄本多訛，是正不少，二十二日校畢。西諦」。國圖。

5. 民國海寧費演復齋抄本，翠微山房舊藏。有陳懿典序。國圖。

6. 抄本。一卷，一冊，陳繼儒校。臺灣中央研究院史語所。

　　　　本。

〔註33〕（清）邵懿辰撰，邵章續錄：《增訂四庫簡明目錄標注》，第 445 頁，北京：中華書局，1959 年。

〔註34〕王瑞祥主編：《中國古醫籍書目提要》下卷，第 1593 頁，北京：中醫古籍出版社，2009 年。

〔註35〕王瑞祥主編：《中國古醫籍書目提要》下卷，第 1593 頁，北京：中醫古籍出版社，2009 年。

〔註36〕王瑞祥主編：《中國古醫籍書目提要》下卷，第 1593 頁，北京：中醫古籍出版社，2009 年。

三、《醫藏書目》的編纂體例

明崇禎刻本《醫藏書目》半頁九行，四周單邊，單魚尾，白口。前有洪邦基《醫藏序》，僧智舷《醫藏書目序》，殷仲春《醫藏書目序》。又有殷仲春自記，敘《醫藏書目》之命名來由與期盼「盛世重民、明哲見機」之夙願。

《醫藏書目》在依照醫學領域分無上、正法、法流、結集、旁通、散聖、玄通、理窟、機在、秘密、普醒、印證、誦法、聲聞、化生、楊肘浸假、妙竅、慈保、指歸、法眞 20 函的同時，又列《古本東垣十書》、《東垣十書》、《太醫院醫書十種》、《薛立齋十種》、《程氏醫書六種》、《汪石山醫學七書》、《萬氏全醫集六種》、《醫經萃錄》、《青囊雜纂》等醫學叢書 9 種，並為 29 類，著錄醫書 549 種。

該書 20 函類目的著錄體例為先著錄類名，下為該類小序；次著錄該類書目，僅著錄書名，間或著錄卷數、作者、卷次結構及附錄、朝代相關信息。其體例如：

> 正法函
>
> 正派者，醫家之大濟生民之書也。……《千金》十書，當為正
典。
>
> 正法函目
>
> 《傷寒全書》。張仲景，成無己，朱奉議，劉河間，陶節菴。

9 種醫學叢書之下則不作小序。如：

> 《古本東垣十書》
>
> 《活法機要》。一卷。

《醫藏書目》的類目設置及各類著錄數量詳見下表：

類　目	數　量	
無上函	18	
正法函	35	
古本東垣十書	11	
東垣十書	30	
太醫院醫書十種	10	
法流函	13	
薛立齋十種	14	

類　目	數　量	
結集函	32	
程氏醫書六種	6	
汪石山醫學七書	7	
旁通函	26	
醫經萃錄	20	
青囊雜纂	8	
散聖函	33	
萬氏全醫集六種	6	
玄通函	6	
理窟函	13	
機在函	9	
秘密函	13	
普醍函	31	
印證函	32	
誦法函	12	
聲聞函	27	
化生函	19	
楊肘浸假函	17	
妙竅函	17	
慈保函	58	
指歸函	10	
法眞函	16	
29 類	549 種	總　計

四、《醫藏書目》的特色與價值

（一）分類方面

其一，《醫藏書目》以佛教用語爲類目名，而實際上仍延續了醫書目錄以醫經、本草、針灸、婦科、兒科等不同的醫學領域作爲分類標準的傳統。殷仲春只是在醫學研究中融匯了自己對佛教的感悟，是明末儒者參佛風氣的表現。《醫藏書目》中並無研究佛學的內容，亦無佛教的醫學專著。

其二，《醫藏書目》將多重設類依據並用。該目在依照醫學領域分 20 類的同時又列醫學叢書 9 種為 9 類，採用了將二種設類依據平行並用的分類方法。其將各叢書書名作為類目名、之後依次著錄該叢書收錄的各部書籍的做法保存了叢書的原始面貌，其中如《古本東垣十書》者今已不存，後世惟借該目的著錄方得瞭解其內容大概。但是這種做法亦破壞了各類之間邏輯統一，造成了某些書籍的重複著錄。如《醫經萃錄》內包含有《脈訣刊誤》一書，而後又於「理窟函目」下亦著錄有「《脈訣刊誤》（一卷）」。

其三，《醫藏書目》成功利用了小序的目錄學價值。該目於 9 種叢書之外的 20 函之下，皆做有小序一則，其中的論述是殷仲春學術思想的直接體現。其中如「正派者，醫家之大濟生民之書也」〔註37〕、「法流者，正法流行於宇內，有扶植生靈之功、垂教英敏之法」〔註38〕者，交代了各函的命名由來以及著錄書籍的性質內容。如「自神農嘗百草至唐本草，下迨宋元，辨愈精而用愈難，非精考諸書，安可妄定方藥」〔註39〕、「劉宗厚《傷寒雜病治例》、東垣《正脈》、《心法附餘》，此為最當。若陶節菴《六書》、薛氏諸種、節齋、石山、元禮、慕松、用光、仁齋，咸用心於著述，未必盡妙」〔註40〕者，乃是殷仲春個人醫學觀的闡發。又如「若附諸書者，此不記錄」者，則交代了該函的收書原則。《醫藏書目》的小序在一定意義上起到了解題的作用，提高了書目的學術理論性。

（二）著錄方面

其一，《醫藏書目》著錄了大量的明代醫書。明代是醫學發展的繁盛時期，醫籍著作大量湧現。《醫藏書目》著錄有明太醫龔雲林所著的《百代醫宗》、《醫學準繩》，胡文煥的《醫學權輿》、《醫學要數》等，於一定程度上反映了當時的醫書編纂情況，也為後世查考明代醫籍提供了線索。

其二，《醫藏書目》收錄了明知為偽的《脈訣》一書。殷仲春於跋語中闡述了對偽書價值的認識，稱：「《脈訣》雖為高陽生之偽作，然辨部定分，灼知臟腑，熟之易於明白」。殷仲春認識到了偽書的學術價值，明知為偽亦加以收錄，體現出豁達開放的學術觀。而於跋語中對偽書的情況予以交代，又是其學術嚴謹性的體現。

〔註37〕　（明）殷仲春：《醫藏書目・正法函》小序，崇禎刻本。
〔註38〕　（明）殷仲春：《醫藏書目・法流函》小序，崇禎刻本。
〔註39〕　（明）殷仲春：《醫藏書目・普醒函》小序，崇禎刻本。
〔註40〕　（明）殷仲春：《醫藏書目・法流函》小序，崇禎刻本。

其三，《醫藏書目》中多次採用了互著法，藉以彰顯同一書籍兼具的多種屬性。這種著錄方式既體現出了書目歸類的嚴謹性、利於查考，又爲讀者瞭解書籍提供了直接的線索。

例如，《太醫院醫書十種》之內收錄了《外科發揮》一書，稱「八卷。薛己」，而後又於「楊肘浸假函」下亦著錄了該書，稱「見前」。再如，其「無上函」下有「《內經素問》二十四卷」、「《靈樞經》十二卷」、「《難經》八卷。秦越人」；「結集函」下有「《仲景全書》十卷。張仲景。王叔和次。成無己注」、「《醫學綱目》四十卷。婁全善」、「《丹溪纂要》四卷。盧和」；「理窟函」下有「《診家樞要》一卷。滑伯仁」；「誦法函」下有「《傷寒百證歌》三卷。許叔微」；而其後的「指歸函」下又著錄了《內經素問》、《靈樞經》、《難經》、《脈訣》、《診家樞要》、《仲景全書》、《丹溪纂要》、《醫學綱目》、《傷寒百證》、《珍珠囊藥性》各書，並稱「以上俱見前」〔註41〕。

《醫藏書目》是現存最早的中國古代醫學專科目錄。該目統錄殷仲春目見的存世醫書，著錄種類較多，涉及範圍既廣，具有保存醫籍的史料價值。《醫藏書目》所錄之書多有後世亡佚者，如《針學提綱》、《六十六穴流注秘訣》、《針灸撰要》等。後世可憑據該書的記載考求這些書籍的流傳概況。此外，《醫藏書目》亦爲學醫之人提供了引導。其「指歸函」所載乃醫學啟蒙入門之書，「指歸」者，「指示學者得正脈而深明乎妙理，使不雜淆於表而得聖賢玄奧」〔註42〕，故而具有導讀書目的意味。來新夏評價該書「集醫籍於一編，觀覽檢索，均稱方便，不能不說是有所貢獻，而醫籍專科目錄現能見到的也以此目爲最早的單行目錄」〔註43〕。

第三節　宗教目錄

焦竑《國史經籍志》稱：「嘗觀老、釋二氏，雖歷興廢，而篇籍具在，豈盡其人之力哉？二家類例既明，世守彌篤。雖亡而不能亡也。」〔註44〕

〔註41〕 按：前有《紫虛脈訣》、《脈訣刊誤》（二種）、《太素脈訣》、《脈訣理玄》、《通眞子脈訣》，不知此處《脈訣》所指爲何。另，前有《潔古珍珠囊》、《東垣珍珠囊》二種，此處《珍珠囊藥性》所指當爲《潔古珍珠囊》。據考，《潔古老人珍珠囊》又名《珍珠囊》，作者張金素，後《珍珠囊》與《藥性賦》合刻，稱《珍珠囊藥性賦》。《東垣珍珠囊》又名《用藥珍珠囊》，作者李杲。
〔註42〕 （明）殷仲春：《醫藏書目・指歸函》小序，崇禎刻本。
〔註43〕 來新夏：《古典目錄學》，第252頁，北京：中華書局，1991年。
〔註44〕 （明）焦竑：《國史經籍志》卷三，北京：中華書局，1985年。

　　姚名達的《中國目錄學史》對宗教目錄的源流發展做有簡略的介紹，稱自漢武「獨尊儒術」後，儒學一家獨大，諸子佛道等皆不可與之比肩，以至於後期的儒家書目只著四部書籍，將佛道等宗教書目棄置不錄。二家乃別立門楣，單獨成目，而其成就或在四部書目之上。

一、釋藏目錄

　　宋太祖開寶四年（971）敕令益州雕刻《開寶藏》，中國始有板印大藏經。宋以降，歷朝官刻漢文大藏經共七部，有明一朝即刻有三部，分別爲《洪武南藏》、《永樂南藏》、《永樂北藏》。

　　《洪武南藏》又名《初刻南藏》，於洪武五年（1372）在南京蔣山寺開雕，洪武三十一年（1398）完成，收錄佛經 678 函，統計 1600 部，7000 餘卷。《洪武南藏》校刻精良，惜其板片毀於永樂六年（1408）的蔣山寺大火，傳世印本極少。四川省藏有 1934 年在崇慶縣上古寺中發現的一部，不甚完整，雜有部分補抄及坊刻本，或爲今世僅存之《洪武南藏》孤本。《洪武南藏》及其之前的藏經，基本是在《開元釋教錄略出》的基礎上加以增補而成。

　　《永樂南藏》全名爲《大明三藏聖教南藏》，又稱《大明南藏》、《再刻南藏》等，是在《洪武南藏》的基礎上重新分類、增改而成〔註 45〕。永樂七年（1409），明政府已召集釋善啓、釋心淵等高僧校勘藏經，爲開雕《南藏》作準備。《永樂南藏》的雕印工作自永樂十年（1412）始，至永樂十五年（1417）完工〔註 46〕，其後又經三次修補，至順治十八年（1661）達到了 678 函 1618 部 6325 卷。《永樂南藏》爲梵夾裝，版三十行，折爲五面，面六行，行十七字。其中亦混雜有少量方冊本及散裝本。該藏的刻印及板片收藏地皆爲南京大報恩寺。

　　需要指出的是，《永樂南藏》付梓之後，其《目錄》方始編纂，故而《南藏目錄》所反映的爲當時刊行的、包括初刻及補刻在內的《南藏》目錄情況，且亦有補訂之本。

　　《永樂北藏》即《大明三藏聖教北藏》。該藏於永樂八年（1410）由明成

〔註45〕按：亦有學者認爲《永樂南藏》即爲《洪武南藏》，參見蔡運辰《二十五種藏經目錄對照考釋》（臺北：新文豐出版公司，1983），何穎《有關〈永樂南藏〉論證的考辨》（《圖書館界》，2015 年第 4 期，第 25 頁）等。

〔註46〕按：又有稱畢工於萬曆十八年（1420）者，參見李富華，何梅《漢文佛教大藏經研究》第 414 頁，北京：宗教文化出版社，2003 年。

祖敕令刻印，至永樂十七年（1419）方於北京開雕，萬曆十二年（1584），神宗敕令雕印該藏的《續入藏經》部分併爲之作序，至正統五年（1440）全部畢工。《永樂北藏》是爲頒賜各地名山大寺而修，皆爲官板，印製精良且較爲常見。

明代民間刊刻的藏經有《武林方冊大藏經》、密道開所刻《藏逸經書》，又有明末清初紫柏眞人所刻《徑山藏》、釋智旭所刻的《閱藏知津》。其中，《武林方冊大藏經》是我國最早刻成的方冊大藏經，約於嘉靖年間募刻於武林昭慶寺。該藏今不傳，其相關信息見著於《嘉興藏》刻經緣起中：「太祖高皇帝既刻全藏於金陵，太宗文皇帝復鏤善梓於北京……。後浙之武林仰承風德更造方冊，歷歲既久，其刻隨泯。」〔註47〕《藏逸經書》爲釋道開纂修，不作分類，所收錄 101 種皆爲《永樂北藏》未收之佛經。詳細的解題爲該目的重要特色。

《嘉興藏》又名《徑山藏》，爲明末清初幾代僧人共同刊刻完成的大型密藏叢書，密道開、幻予、眞可、德清等爲主要組織者。紫柏眞可，字達觀，號紫柏，明代四大高僧之一，生於嘉靖二十二年（1543），卒於萬曆三十一年（1603），密道開爲其弟子。該藏於萬曆十七年（1589）始刻於五臺山，後因環境氣候惡劣、交通不便、資金短缺等原因，又於萬曆二十年（1592）遷至嘉興徑山萬壽寺等處繼續進行，至康熙十五年（1676）正藏刻成。萬曆十四年（1586）馮夢禎作大藏緣起，記刻藏經過頗詳。由於該藏的刊刻時間較長，刊刻地點多且分散，而且是邊刻邊流通，故而當時並未產生一套完整的全書，亦無總目問世。目前北京嘉興寺、洞庭西山顯慶寺有正續藏全本，各地寺院往往藏有零本。

《嘉興藏》共二百一十函，半頁十行，行二十字。全藏分《正藏》、《續藏》和《又續藏》三部分。《正藏》210 函，完全按《永樂北藏》的體例，依千字文編次，自天字始至史字終，各經下皆注明其流通價值，末附《永樂南藏》特有的（4？）5 種，153 卷。該藏的一大特點是其《續藏》及《補續藏》中收錄了許多以前大藏未曾收入的佛教著作，內容包括疏釋、懺儀、語錄等。其中，《續藏》95 函，收藏外典籍 248 種，約 3800 卷。《又續藏》47 函，收藏外典籍 318 種，約 1800 卷。康熙十六年（1677）以後，乃抽去《續藏》5函、《又續藏》4 函，收入內容也有所變動。總計正藏 210 函，《續藏》90 函，

〔註47〕 魏隱儒：《中國古籍印刷史》，第 127 頁，北京：印刷工業出版社，1988 年。

《又續藏》43 函，2090 部，12600 餘卷。該藏的另一大特點乃是易梵夾爲方冊，「可省簡潢十之七」〔註48〕，故而很大程度上促進了佛經的流通。《嘉興藏》在清代流傳很廣，保留了大量宋元以來的佛教史料，成爲清朝以來研究考據佛教的重要依，對乾嘉學派有著重要影響。

《閱藏知津》刊成於清順治十一年（1654），其分類體例影響了清代以來的大藏經編纂。該目不僅品評所收各書的優劣高下，且對各書的閱讀次序亦予以標識，具有推薦書目的性質。此外，《閱藏知津》在每部佛經之下皆以千字文分注南北，如「南體北遐」、「南叔北隨」等，胡平《我國佛經目錄的特點和成就》一文認爲這一做法「與十三世紀英國的寺院藏書目錄頗有相似之處，已具有聯合目錄的性質，它的編製方法已相當接近於後來的聯合目錄，並對後來的聯合目錄的形成具有一定影響」〔註49〕，將《閱藏知津》看做我國聯合目錄的萌芽之作。

（一）《大明三藏聖教南藏目錄》

1.《大明三藏聖教南藏目錄》的版本

（1）萬曆間刻本，見載於《金陵梵刹志》卷四九，並附請經條例、寺規條約等。半頁十行，單邊，白口，單魚尾。《宋元明清書目題跋叢刊》據以影印。

《金陵梵刹志》乃葛寅亮萬曆間任職南京禮部郎中時仿照《洛陽伽藍記》編著而成的記載南京佛寺的著作。葛寅亮，字水鑒，一字參疑，號屺瞻，浙江錢塘人，萬曆二十八年（1600）鄉試解元，歷仕萬曆、天啓、崇禎、南明弘光、隆武五朝，隆武政權傾滅後絕食殉國。葛寅亮爲官剛正不阿，賢良忠節，又大力提倡教育，修建書院，講授理學並親近佛道，樂善好施，著有《莞爾集》、《金陵梵刹志》、《永明塔院田記》、《金陵玄觀志》等。天津人民出版社 2007 年出版的《金陵梵刹志》附錄三爲《葛寅亮傳記七則》，可據以考見其事蹟生平。

《金陵梵刹志》又有天啓七年（1627）金陵兼善堂補刻序文本、1936 年10 月鎮江金山江天寺據以影印。

（2）順治十八年（1661）刻本。該本續刻了魚字函以後的部分（按：續補的內容可參見《中國典籍與文化論叢·第八輯》第 55 頁）。寧武縣文物館。

〔註48〕 魏隱儒：《中國古籍印刷史》，第 128 頁，北京：印刷工業出版社，1988 年。
〔註49〕 胡平：《我國佛經目錄特點和成就》，《圖書館學刊》1985 年第 1 期，第 69 頁。

2.《大明三藏聖教南藏目錄》的編纂體例與價值

《大明三藏聖教南藏目錄》（按：本文稱《南藏目錄》者即為此本）前有序，稱該目的編纂體例為「每經一藏」，並著錄《南藏》所收的藏經函、卷、半頁、全頁以及板片數量，可看做全目之大序。正文依教義分為大乘經、小乘經、宋元入藏諸大小乘經、西土聖賢撰集、大乘律、小乘律、大乘論、小乘論、續入藏諸經、此方撰述 10 類。後附請經條例、九號經價及條約等。其所分 10 類中，大乘經、小乘經 2 類之下又各依教義細分若干部，各類、部下依千字文分若干號，各號分別著錄若干種，總著錄佛經 636 號，1629 種。

《南藏目錄》各部類首列函號，次列經書名。各函下標卷數、板片數。各部類名前後、每函、每經之後間或著錄相關信息。其體例如：

> 《南藏目錄》
>
> 每經一藏，共六百三十六函，共六十三百三十一卷，共一十一萬五百二十六張。內全頁一十萬七千七百八十二張，半頁二千七百四十四張。板共五萬七千一百六十塊。
>
> 大乘經・般若部
>
> 天。十卷。一百六十一張，尾半三張。
>
> ……
>
> 奈。十卷。一百五十五張，尾半四張。
>
> 《大般若波羅蜜多經》。
>
> 菜。十卷。一百五十三張，尾半四張。
>
> ……
>
> 咸十卷。一百八十六張，尾半三張。
>
> 《摩訶般若波羅蜜經》。

《大明三藏聖教南藏目錄》將教義作為分類依據的編纂體例體現了其宗教專科目錄的根本屬性。《永樂南藏》以《洪武南藏》為收錄基礎，而其《目錄》的編排次序則有較為明顯的變動。《南藏目錄》改《洪武南藏》「大乘經律論」、「小乘經律論」的次序為「大乘經」、「小乘經」、「大乘律」、「小乘律」、「大乘論」、「小乘論」，進一步區分了經、律、論的學術屬性，於目錄學編纂體例上更顯嚴格，亦凸顯了經書的地位。然而該目著錄簡略，僅分類統計典籍數量，不做解題，不論義理，學術性相對較弱。

（二）《大明三藏聖教北藏目錄》

1.《大明三藏聖教北藏目錄》的版本流傳

《大明三藏聖教北藏目錄》（按：本文稱《北藏目錄》者即為此目）畢工後，經板由司禮監掌管，藏於祝崇寺內的漢經廠，至清代流散民間，後為收藏家聚攏，保存於國家圖書館內的文津雕版博物館。《宋元明清書目題跋叢刊》據《昭和法寶總目錄》排印本影印。

在裝幀形式上，《永樂北藏》如前幾部大藏經一般，亦採用梵夾裝，版二十五行，折為五頁，頁五行，行十七字。該藏的裝印在現存完整的大藏經中堪稱最為精美的一部，李園淨《歷代漢文大藏經概述》稱「南通狼山廣教寺，鎮江超岸、廣教、定慧等寺，均存有全藏」〔註50〕。由於該藏雕版一直由官方保存管理，印刷及分賜地方的一應事宜亦由官方經手，故而具有一定的權威性。

2.《大明三藏聖教北藏目錄》的編纂體例

《永樂北藏》前有總目。後為「藏函號字」，即該藏分函所用之千字文匯總。後又有《大明太宗文皇帝御製藏經贊》、《大唐龍興三藏聖教序》及《大宋三藏聖教序》，後為正文。

《永樂北藏》的主體部分為四卷，包括經、律、論、撰述、著述五部分，各部類依千字文分函，每函若干經，共收錄初刻時的正藏 636 函 1615 部 6592卷。其中，《永樂北藏》的第一卷為大乘經。下分般若部（72 函）、寶積部（17函）、大集部（14 函）、華嚴部（22 函）、涅槃部（10 函）、五大部外重譯經（42函）、單譯經（29 函）7 類，著錄天字至念字共 206 函 2061 卷。第二卷為小乘經及宋元入藏諸大小乘經。小乘經下分阿含部（28 函）、單譯經（17 函）2類。宋元入藏諸大小乘經為 22 函，著錄作字至川字 67 函 670 卷。第三卷有「經」、「律」、「論」三類。「經」為宋元入藏諸大小乘經之餘（12 函），「律」為大乘律（5 函）、小乘律（48 函），「論」為大乘論（50 函）、小乘論（73 函），著錄流字至辨字 188 函 1880 卷。第四卷有「論」及「撰述」二類。「論」為宋元續入藏諸論（5 函），「撰述」為西土聖賢撰集（19 函）及此土著述（150函），著錄轉字至石字 175 函 1750 卷。後有《御製藏經後跋》。

〔註50〕 按：參見魏隱儒：《中國古籍印刷史》第 127 頁，北京：印刷工業出版社，1988年。

主體部分之後有《續入藏經》，又稱《大明續入藏諸集》，爲後來補刻的續藏經。該部分前有萬曆十二年（1584）《御製續入藏經序》，後著錄矩字至史字 41 函 36 部 410 卷，皆爲「著述」類。

兩部分總計著錄藏經 677 函 1651 部 6771 卷。

在著錄體例上，《永樂北藏》與《洪武南藏》大致相同，皆是先依教義分部類，各部下依千字文著錄函號，後著錄佛經名，於各函及各經下間或著錄函數（卷數、本數）、該經在《北藏》中的總排號、一函（卷）多經、《南》《北》二藏異同、同經異名、附錄、卷次結構、藏板地等相關信息。如：

> 卷第一·大乘經·般若部
>
> 天地玄黃宇宙洪荒日月盈昃辰宿列張寒來暑往秋收冬藏閏餘成
> 歲律呂調陽雲騰致雨露結爲霜金生麗水玉出昆岡劍號巨闕珠稱夜光
> 果珍李奈
>
> （1）《大般若波羅蜜多經》六百卷。《南藏》同函號。
>
> ……
>
> 潛（二經同卷）
>
> （7）《摩訶般若波羅蜜抄經》五卷。《南藏》潛字，二經同。
>
> （8）《大明度無極經》六卷。今作五卷。

3. 關於《北藏目錄》對《永樂南藏》的校補問題的爭議

《北藏目錄》確實爲《南》、《北》二藏的對校目錄。理由有二：其一，該藏在每部佛經前以大字著錄該經在《永樂北藏》中的函號，在經後則以小字著錄該經在《永樂南藏》中的函號，並著錄該經在《南》、《北》二藏中所處函號的不同。如：

> 大乘經·般若部·河
>
> （4）《光贊般若波羅蜜經》十卷。《南藏》同函號。
>
> 五大部外重譯經·被（三經同函）
>
> （126）《合部金光明經》八卷。《南》食字。

其二，該藏在佛經名後的解題中著錄了該經在《南》、《北》二藏中的卷數異同。如：

> 五大部外重譯經·恭（三經同函）

《佛說大灌頂神咒經》十二卷，今作六卷。《南》恭字。

《永樂北藏》在每部佛經之前著錄其在《永樂南藏》中的函位、在每部佛經之後著錄其在《南藏》中的函數的做法，比《閱藏知津》更早具有聯合目錄的意味。

日本《昭和法寶總目錄》所收《北藏目錄》於萬曆間補修的《大明續入藏諸集》之後附有「《北藏》缺《南藏》函號」16 函 153 卷，著錄函號、經名及卷數。該部分在《北藏目錄》卷首總目中未有體現。實際上，不僅《永樂北藏》中不包含該部分內容，《大明續入藏諸集》部分亦不包含補闕《永樂南藏》的內容。而《北藏目錄》的其他版本中亦無補闕部分的存在。據李富華、何梅《漢文佛教大藏經研究》一書考證，此補闕 16 函乃後人在編著《昭和法寶總目錄》時以《嘉興藏》的內容增補而成。「《嘉興藏》在重刊《北藏》的 677 函典籍，使本藏達到 205 函後，又續刻了『北藏缺南藏號附』的若干典籍〔註51〕，故全藏總 210 函」〔註52〕。

4.《大明三藏聖教北藏目錄》的著錄特色與價值

《北藏目錄》著錄了藏經在《南》、《北》二藏中的收錄異同。該目的特點之一是在《永樂南藏》的結構體系基礎上對各經的編函做了一定的調整，並將調整結果標注於各經之下。如：

卷第一・大乘經・寶積部・乃（四經同函）

（21）《大方廣三戒經》三卷。《南藏》乃字，四經同。

（22）《佛說無量清淨平等覺經》二卷。今作三卷。

大明續入藏諸集・矩野洞庭

（1616）《華嚴懸談會玄記》四十卷。《南藏》缺。

《北藏目錄》實際上是一部《南》、《北》二藏的對校目錄。需要注意的是，《南藏目錄》編成於《永樂南藏》歷經增訂修補之後的萬曆三十四年（1606），而《北藏目錄》則於萬曆十二年（1584）已編訂完工，故而《北藏目錄》中標注「南藏缺」的某些典籍實際上已經刻入《南藏》（按：如《心經集注》），而某些標注了《南藏》函號的典籍則實際上已不見於《南藏》著錄（按：如《維

〔註51〕按：其中有《密雲禪師語錄》十三卷，四本，但是無《大明三藏聖教目錄》三卷。

〔註52〕李富華、何梅：《漢文佛教大藏經研究》，第 464 頁，北京：宗教文化出版社，2003 年。

摩經注》)。

《北藏目錄》著錄了同經異名的情況。如「《佛垂般涅槃略說教誡經》亦名《佛遺散經》」，「《成唯識寶生論》一名《二十唯識順釋論》」等。對同書異名的情況加以著錄，便於讀者瞭解書籍流變，亦便於查考。

《北藏目錄》將同一書籍的不同版本分別著錄，是對《南藏目錄》著錄體例的延續及調整。如：

卷第四·此土著述·岳（二錄同函）

（1601）《隋眾經目錄》五卷。《南》百字。

宗（二錄同函）

（1602）《隋眾經目錄》六卷。《南》郡字。

（1603）《武周刊定眾經目錄》四卷。《南》秦字。

泰

（1604）《武周刊定眾經目錄》十卷。《偽經目錄》附。《南》秦字。

《北藏目錄》的編纂雖早於《南藏目錄》二十餘年，然《永樂北藏》正藏的刊成卻在《永樂南藏》之後。故而《北藏目錄》依經、律、論排列的設類方式當是延續了《永樂南藏》的體例，並由此形成了後世藏經的設類傳統。此外，《北藏目錄》對《南藏目錄》的函目編序做了較多的調整，乃是其重新歸置部分經書所屬類目的結果。這種調整體現出了編纂者對典籍自身教義的理解，是書目學術性的體現。

（三）《藏逸經書》

1.《藏逸經書》的作者、版本及編纂體例

密道開，南昌人，生卒不詳，曾助紫柏眞可刊修《徑山藏》，是該藏刊修前期的主要組織者。錢謙益《藏逸經書記》述其與道開交遊事，可作爲考究道開生平事蹟的史料線索。

《藏逸經書》有 1918 年仁和吳氏雙照樓《松鄰叢書》本，半頁十行，黑口，版心中下方有頁碼，首頁且有「仁和吳氏雙照樓刊」字樣。《宋元明清書目題跋叢刊》據以影印。

《松鄰叢書》本《藏逸經書》前有序，稱「凡《北藏》未收者，無論其

言義得失，悉採其名目如左，以俟明哲揀辨而出入之」，乃知其為補遺《永樂北藏》的專門書目。後為正文，末有錢謙益跋一則、記一則。《藏逸經書》不作分類，著錄佛經 101 種，皆記佛經名目。又有解題，著錄作者（姓名、籍貫、生平）、佛經版本、藏板地、卷（本）數、刊刻流傳以及是否為《南藏》收錄等情況，時有對佛經作者及學術價值的評價。其體例如：

> 《五燈會元》。《五燈》，今《藏》中止收《景德傳燈》，餘盡未收，而世亦鮮流行本。則此《會元》不得不收矣。今秀水東禪寺有板流行。

2.《藏逸經書》的著錄特色與價值

《藏逸經書》較多地著錄了藏經的版本流傳及藏板地信息。如「《圓覺經》。大抄。常州府有舊本」，「《圓覺經略疏》。小抄，秀水東禪寺有板」，「《禪門宗要》。閩僧雪山《祖曼集》舊有刊行本，今已湮沒。比得錄本虞山錢存虛者」等，間有對版本的評價，如「《維摩詰經注》。肇法師撰，《南藏》已收入，世亦多流行本。五臺山龍翻石有古本，善」等，保存了珍貴的佛經版本信息。成書於清初的《閱藏知津》亦著錄藏本，然僅標南北，其文獻價值較之《藏逸經書》則稍遜一籌。

《藏逸經書》著錄了對各經版本、內容及學術價值的評論。如：

> 《楞嚴論》。宋寂音尊者造，後有正受師鏨入經，並有刪補，改名《合論》。常熟錢順化文學有舊本。今秀水楞嚴寺如其本刊行。此《論》尚當求寂音原本未經刪鏨者。

> 《楞嚴管見》。我明泰法師撰。此書於經意雖不無得失，然亦有發前人未發者。

總體而言，密道開對經書學術價值的認識較為公允。錢謙益贊其「剖明禪講二家流弊，剶骨見髓，知為紫柏老人親承衣缽，觀者當知寶之重之」〔註53〕。

《藏逸經書》專門收錄《永樂北藏》所未收的佛經，具有補遺的意味。該目未分類，但撰有較為詳細的解題，是明代書目、尤其宗教專科書目中為數不多的解題性目錄。該目的解題著錄內容豐富，對藏經的價值亦多有評判。如《華嚴疏抄會》下以大段解題討論了儒家講學時存在不分經注疏抄、一併混講的不良風氣，是密道開學術觀念的直接體現。且其解題詳略得當、不著

〔註53〕　（清）錢謙益：《藏逸經書跋》，《藏逸經書》卷末，《松鄰叢書》本。

無謂之言，具有較高的研究價值。錢謙益對該書甚爲推崇，爲其作《跋》、作《記》，又有《標目》一冊，其《標目後記》收入《絳雲樓題跋》，可供研究者參考。

二、道藏目錄

　　明代刊刻的道藏有（正統）《道藏》、（萬曆）《續道藏》二種。（正統）《道藏》的刊修由四十三、四十四代天師張宇初、張宇清兄弟主持，爲經摺裝，收書 480 函。（萬曆）《續道藏》爲五十代天師張國祥續補（正統）《道藏》者，收錄 32 函。又有《道藏闕經》，爲正統刊藏時校元《道藏》所闕之書 794 種。三種合錄，則爲今本明刊《道藏》全貌，總計收書 512 函 5522 卷。民國初，徐世昌委託傅增湘校理北京白雲觀藏本《道藏》，後由涵芬樓影印出版，總計收書約 1500 種。

　　此外，又有天啓間道士白雲霽所撰的《道藏目錄詳注》一種，是對（正統）《道藏經目錄》的標注，解題較爲詳細，價值較高。

（一）（正統）《道藏經目錄》

　　明代纂修《道藏》一事始於永樂初，由四十三代天師張宇初奉敕主持。永樂八年（1410）後，由四十四代天師張宇清繼任主持。正統九年（1444）版成，又由道士邵以正督校增補，次年定稿刊行。（正統）《道藏經目錄》四卷爲（正統）《道藏》的目錄（按：本文稱《道藏經目錄》者即爲此目），位於（正統）《道藏》之末。

　　（正統）《道藏》成書於正統十年（1445），爲梵夾裝，面五行，行十七字。北京、上海白雲觀等處皆有藏本。（正統）《道藏》的板片毀於光緒二十六年（1900）八國聯軍侵華戰火。民國間，上海商務印書館以北京白雲觀所藏明刊（正統）《道藏》爲底本，以涵芬樓名義影印爲六開小本，凡 1120 冊 1476 種。今天津古籍出版社（1987 年）、上海書店（1988 年）、文物出版社（1996 年）皆有《道藏》影印本，另有臺灣藝文印書館（1977 年）、臺灣新文豐出版公司影印本等通行於世。《宋元明清書目題跋叢刊》據商務印書館影印北京白雲觀藏本影印。

　　北京白雲觀藏本（正統）《道藏經目錄》依三洞、四輔、十二類的體例劃分部類，並結合千字文爲各部類書籍編號。該目卷首有《凡例》，介紹了三洞

四輔十二類的分類體系及各類、各部的著錄內容。後爲正文，分四卷。卷一爲洞眞部，著錄「天」至「官」共 78 號 762 卷。卷二爲洞玄部，著錄「人」至「毀」共 81 號 773 卷。卷三爲洞神部，著錄「傷」至「澄」共 119 號 1097卷。卷四爲太玄部、太平部、太清部、正一部四輔部，著錄「取」至「英」202 號 1916 卷。總著錄 480 號 4548 卷。該目著錄書名、總卷數，其下簡略著錄卷數、若干經同卷、版本、作者、內容、附錄、修補情況、存佚完缺、是否有符像等情況。其體例如：

　　　　《道藏經目錄》卷之一・洞眞部

　　　　○本文類・天字號計十卷

　　　　《靈寶無量度人上品妙經》卷一之十。

《道藏經目錄》著錄了一定的書籍版本線索。其洞眞部・本文類著錄有《高上玉皇本行集經》三卷，稱「天樞上相校本」。《高上玉皇本行集經》的作者及成書年代不詳，有託名天樞上相張良的校本及元劉處玄《高上玉皇本行經髓》等版本，皆爲（正統）《道藏》所收。（正統）《道藏經目錄》稱「天樞上相校本」者，原題「天樞上相張良校正」。丁培仁《增注新修道藏目錄》對該本有標注，稱「張良校正本，卷前又附林少華、蒼汝嘉（當是宋人）通神語，卷中除與白文本一樣有《五篇眞文》之外，又增神篆（神咒誥命）、五方帝符及眞符，卷末也有通神語等附錄」〔註54〕。

　　《道藏經目錄》著錄了編修《道藏》時對典籍的清查、補配情況，爲後世查考經籍流傳提供了線索。如其卷二著錄有「《黃庭內外玉景經》一卷」，稱「原不全，蔣愼修」；又有《太上洞玄靈寶宣戒首悔眾罪保護經》中下二卷，稱「上卷原缺」。

　　我國傳統醫學與道教相依相長，難作界分，歷代《道藏》之中多有對醫書的著錄。《道藏經目錄》卷四太平部即著錄有《孫眞人千金方》、《急救仙方》、《仙傳外科秘方》等傳統醫學書籍。

　　我國古代的子部書籍多借《道藏》以傳世。歷代《道藏》收錄古本爲多，故而「道藏本」特爲學界重視。可惜的是《道藏》於歷代遞修過程中多有損亡，尤其元世祖時毀損嚴重，保留至今者寥寥無幾。（正統）《道藏》卷四太清部下收錄有《鶡子》、《公孫龍子》、《尹文子》、《子華子》、《鶡冠子》、《墨

────────────────

〔註54〕丁培仁編著：《增注新修道藏目錄》，第 141 頁，成都：巴蜀書社，2008 年。

子》、《韓非子》、《黃石公素書》、《孫子》、《孫子遺說》、《天原發微》、《淮南鴻烈解》、《抱朴子》等，可作爲考證子部書籍傳播源流的一大憑據，亦可作爲今世鑒定「道藏本」的依據。

（正統）《道藏經目錄》採用千字文爲編號依據，保留了藏經的編纂傳統。該目保存了大量典籍，且多標注版本、全缺情況，反映出其時的書籍面貌，具有一定的善本書目意味。其雖不作解題，然以簡要靈活的方式著錄了典籍的多方面的信息，具有重要的參考價值。

（二）（萬曆）《續道藏經目錄》

萬曆三十五年（1607）第五十代天師張國祥奉敕續補（正統）《道藏》，稱（萬曆）《續道藏》，《續道藏經目錄》即爲其目錄，附於（正統）《道藏》之末。

《續道藏經目錄》僅分「正一部」一類，仍以《千字文》爲函次，著錄「杜」字號至「纓」字號 32 函 180 卷。該目每號統計卷數，後著錄書名，間或著錄卷數、是否有卦等信息。其體例如：

> 《大明續道藏經目錄》‧正一部
>
> 杜字號計六卷
>
> 《太上中道妙法蓮華經》（三卷）
>
> 千字號計五卷
>
> 《焦氏易林》（有卦）

（三）《道藏闕經目錄》

據陳垣《南宋初河北新道教考》一書考證，《道藏闕經目錄》爲正統刊藏時校元藏所闕之目錄。而實際上，《道藏闕經目錄》收錄之書亦有（正統）《道藏》未闕者，如《麻衣道者正易心法》等〔註55〕。

《道藏闕經目錄》分爲上下二卷，與《道藏經目錄》的著錄次第相同。該目附於（正統）《道藏》之末，未分類，著錄簡略。《宋元明清書目題跋叢刊》據（正統）《道藏》本影印。

《道藏闕經目錄》著錄道教經籍 794 種。其中，上卷著錄 388 種，下卷

〔註55〕陳垣：《南宋初河北新道教考‧藏經之刊行第五》，北京：科學出版社，1958年。

著錄 406 種。每種皆著錄書名，簡略著錄卷數、是否有符畫等信息。如：

> 《道藏闕經目錄》卷上（於舊目錄內抄出）
>
> 《洞眞太上太極錄景眞經》二卷。有符。

（四）白雲霽《道藏目錄詳注》

《道藏目錄詳注》成書於天啓六年（1626），明南京朝天宮道士白雲霽撰，李傑注。白雲霽字明之，號「在虛子」，上元人。李傑生卒不詳。

1.《道藏目錄詳注》的版本

（1）《藏外道書》第 24 冊影印白雲觀舊藏本。題「冶城明之在虛子白雲霽詳注，白下定庵不慍子廖孔悅、秦淮居貞悟眞子韓守素參閱」，前有羅喻義、董其昌、葛寅亮、丁明登、廖孔悅序。後體例與八千卷樓舊藏大略一致。據卿希泰《中國道教史》載，「此書原本尚有兩冊，現已遺失，所遺或許即爲《大明續道藏經目錄》」〔註 56〕。該本或爲現存最早刻本。

（2）文淵閣《四庫全書》本，四卷，收於子部道家類。該本題曰「明白雲霽撰」，有乾隆四十六年（1781）永瑢所撰提要。卷前有《凡例》，卷後附《續道藏》「杜」字號至「將」字號，後無《大明續道藏經目錄》。

（3）民國間天津徐世昌退耕堂影印文津閣《四庫全書》本。該本題曰「明白雲霽撰」，前有作者白雲霽的生平介紹，後分四卷，「卷四於《正藏》後，附《續藏》杜字至將字號，後另附《大明續道藏經目錄》一卷，自杜字號至纓字號，無解題」〔註 57〕。上海。

（4）道光二十五年（1845）重修本。題「明白雲霽撰，明李傑注」。前有道光二十五年（1845）鄭永祥、孟志才撰《白雲觀重修道藏記》，分爲四卷，二冊。商務印書館影印，國圖。《宋元明清書目題跋叢刊》據商務本影印。

（5）清刻本。四卷，四冊，題「明白雲霽撰」。國圖。

（6）抄本。四卷，二冊。臺灣中央研究院史語所。

（7）《道藏精華錄》本。題「遼左李傑若之詳注」，提要卻稱「明道士白雲霽撰」。該本前有《凡例》、《道藏總目》、《道藏宗源》、《白雲觀重修道藏記》，卷次注文等與白雲霽注本大致相同，少數解題互有詳略。則該本

〔註 56〕卿希泰：《中國道教史》第四卷，第 18 頁，成都：四川人民出版社，1996 年。

〔註 57〕陳國符：《道藏源流考》上冊，第 182 頁，上海：中華書局，1949 年。

或爲白雲霽注本之別本。另有孫星衍《孫氏祠堂書目》著錄之明李傑若撰《道藏目錄》十二卷，或爲「若之」之訛亦未可知。

（8）前江蘇省立國學圖書館藏本。「題曰明冶城白雲霽詳注。……蓋乾隆中刊本，乃丁氏八千卷樓舊藏。前有《凡例》、《道藏總目》、《道教宗源》。脫惟、鞠二字號道書，卷四《正藏》後附《續道藏》杜字至府字號，末無《大明續道藏經目錄》」〔註58〕。

（9）北京文物出版社、上海書店、天津古籍出版社聯合出版的《道藏》也附此書（按：載第 36 冊），乃據上海圖書館藏繆荃孫舊藏清刻本補入者。題曰「明冶城白雲霽詳注」，四卷，體例與八千卷樓舊藏基本一致，或系出同源。

2.《道藏目錄詳注》的編纂體例

《道藏目錄詳注》大體依照（正統）《道藏經目錄》的體例著錄。前有《凡例》，即（正統）《道藏經目錄》之《凡例》。下增設《道藏總目》，依三洞四輔十二類的次序著錄。

《總目》後爲正文，分卷體例未依《總目》次序，而是《道藏經目錄》相同，卷一爲洞眞部、卷二爲洞玄部、卷三爲洞神部、卷四爲太玄、太平、太清、正一四輔部，三洞之下各分十二類，各類及各輔部之下又依千字文分號，各自著錄書名，各書之下做標注，故名《道藏目錄詳注》。該書的著錄數量亦與《道藏經目錄》相同。其解題的內容有卷（篇）數、書名、同書異名、是否有符（像、圖）、作者（姓名、生平、著作等）、內容、功用、分卷體例、數經同卷、合併解題、字體、作序人、序的內容、附錄、全缺、注解方式以及提供閱讀建議等。

《道藏目錄詳注》的類目設置及各類著錄數量如下：

一級類目	二級類目	總　計
洞眞部 「天」至「官」 78 號 762 卷	本文類	15 號 160 卷
	神符類	1 號 8 卷
	玉訣類	14 號 111 卷
	靈圖類	3 號 27 卷
	譜錄類	2 號 21 卷

〔註58〕陳國符：《道藏源流考》上冊，第 183 頁，上海：中華書局，1949 年。

一級類目	二級類目	總　計
	戒律類	1 號 12 卷
	威儀類	3 號 31 卷
	方法類	23 號 230 卷
	眾術類	2 號 19 卷
	記傳類	12 號 124 卷
	讚頌類	1 號 10 卷
	表奏類	1 號 9 卷
洞玄部 「人」至「毀」 81 號 773 卷	本文類	8 號 84 卷
	神符類	1 號 10 卷
	玉訣類	4 號 36 卷
	靈圖類	1 號 11 卷
	譜錄類	2 號 18 卷
	戒律類	3 號 27 卷
	威儀類	43 號 419 卷
	方法類	9 號 76 卷
	眾術類	2 號 20 卷
	記傳類	4 號 35 卷
	讚頌類	1 號 8 卷
	表奏類	3 號 29 卷
洞神部 「傷」至「澄」 119 號 1097 卷	本文類	4 號 40 卷
	神符類	1 號 8 卷
	玉訣類	75 號 707 卷
	靈圖類	7 號 51 卷
	譜錄類	5 號 42 卷
	戒律類	1 號 9 卷
	威儀類	2 號 27 卷
	方法類	7 號 60 卷
	眾術類	11 號 104 卷
	記傳類	4 號 37 卷
	讚頌類	1 號 6 卷
	表奏類	1 號 6 卷

一級類目	二級類目	總　　計
太玄部 「取」至「隨」 58 號 553 卷		
太平部 「外」至「節」 41 號 410 卷		
太清部 「義」至「志」 18 號 179 卷		
正一部 「滿」至「英」 85 號 774 卷		
7 部 480 號 4548 卷		總　　計

3. 對《道藏目錄詳注》的評價

　　《道藏目錄詳注》爲明代書目中爲數不多的解題性書目。該目雖名「詳注」而非全如是。其解題大多簡略，雖內容豐富，然僅於必要處出注，不強言，不贅言。解題之餘，該目亦存留著帳簿式登錄書目的痕跡，有相當一部分僅照搬《（正統）道藏經目錄》的內容而未加以重新注解。如「《元始天尊說北方眞武妙經》一卷」，「《元始天尊說梓潼帝君應驗經》。《元始天尊說梓潼帝君本願經》與《應驗》二經同卷」三經皆未做解題，僅照搬《道藏經目錄》而已。此外，該目卷首的《總目》實爲對其編纂體例的簡介。《總目》對三洞四輔十二類的內容作了簡略的介紹，目的是給予讀者一個最直觀的瞭解。

　　《道藏目錄詳注》其實是（正統）《道藏》的總目提要，讀者可憑其入門《道藏》，考鏡其源流，瞭解其義理，一窺《道藏》幽秘之所在。

　　作爲一部道教的專科目錄，《道藏目錄詳注》多從宗教意義方面對《道藏》各經加以注解，如：

　　　　《靈寶度人直音》。一卷。已上《度人經》出自空洞浮光、渾淪
　　　　未判。大道之將化，故玄文發於中天；虛無之乍凝，乃妙氣結乎碧
　　　　落。字方一丈之廣，勢垂八角之芒。……天眞皇人規模盤屈，仿像
　　　　奪眞，疏成諸天隱書，遍作五方靈範，紀混元龍漢之載，藏鬱羅紫
　　　　微之宮，演爲六十一卷尊經，分爲萬二千種圖錄。天章雲篆八會之

書，莫不祖焉。……

《道藏目錄詳注》在著錄上亦有訛誤。部分為沿襲《道藏》之舊訛，如「《正統道藏》才字號《道德真經疏》四卷並附《疏外傳》一卷，誤題『唐玄宗御製』。此疏與效字號所收唐玄宗疏大為不同，有部分內容可考為成玄英疏，且雜有《莊子注》，頗多錯簡。《疏外傳》亦非唐玄宗作，而是宋代的作品。開列注者六十餘家名，係抄自杜光庭《道德真德廣聖義序》。《詳注》失考，以訛傳訛」〔註59〕。又有部分為其本身注解之訛，如「《通玄真經注》十二卷，《正統道藏》壁字號收，題『默希子注』，《詳注》解云：『後唐玄宗時有徵士徐靈府隱修衡嶽，注文子之書上進，遂封通玄真人，號其書為《通玄經》。』考徐靈府確號『默希子』，但他是唐武宗時道士，於元和四年（809）注此書，去玄宗五十餘年，根本與唐玄宗封文子為通玄真人、號其書為《通玄真經》無關」〔註60〕。

第四節　戲曲目錄

在中國戲曲發展史上，宋元雜劇與南戲往往並稱。隨著元明易代，二者則與傳奇之間出現了興衰消長的演變關係。宋元南戲脫胎於北雜劇等多種戲劇形式，至元代中後期而與北雜劇並盛、於南北兩地各自稱雄。元末明初，隨著政治、經濟中心的南移，北雜劇日趨衰亡，而其中的某些特點、優勢則為南戲不斷吸收並逐漸昇華，酵生為傳奇這種新的戲曲模式。傳奇雖於明代問世，但很長時間內並未進入繁盛期。雜劇與南戲的大量戲文、曲譜仍於社會上廣泛傳播，明人對此二者亦多有創作。習慣上而言，明代人於相關著述中往往稱呼元雜劇為「舊傳奇」，稱南戲為「南曲」，稱傳奇為「新傳奇」等，不一而足。

在戲曲目錄的編纂方面，元人鍾嗣成的《錄鬼簿》為中國古代第一部戲曲專科目錄，具有開創性的意義。明代有多部戲曲目錄問世。其中，寧獻王朱權所撰的《太和正音譜・群英所編雜劇》、賈仲明（按：有爭議，詳見下文考證）續編的《錄鬼簿》以及祁彪佳的《遠山堂劇品》為雜劇專科目錄的代表作，呂天成的《曲品》、祁彪佳的《遠山堂曲品》、徐渭的《南詞敘錄》、《舊編南九宮目錄》（按：有爭議，詳見下文考證）則為南戲的專科目錄。本節對

〔註59〕卿希泰：《中國道教史》第四卷，第19頁，成都：四川人民出版社，1996年。
〔註60〕卿希泰：《中國道教史》第四卷，第19頁，成都：四川人民出版社，1996年。

這些書目一一加以分析，藉以對明代的戲曲發展概貌作出初步的探討。

一、朱權《太和正音譜・群英所編雜劇》

（一）《太和正音譜・群英所編雜劇》的作者及版本流傳

朱權，號臞仙，又號大明奇士、涵虛子、丹丘先生，明太祖第十七子，早年封寧王，治大寧，後改封於江西南昌，正統十三年（1448）病故，諡獻王，世稱寧獻王。朱權好藏書，精音律、醫卜，在歷史、音律及戲曲理論研究方面皆卓有成就。著有《太和正音譜》、《琴阮啓蒙》、《神奇秘譜》、《瓊林雅韻》、《神隱》、《通鑒博論》、《史斷》、《寧國儀範》、《漢唐秘史》等數十種。

《續書史會要》載此目；《朱氏八支宗譜・寧獻王事實》稱爲二卷；《寶文堂書目》載「《太和正音譜》，六本」、「《太和正音》，寧府刻」，入樂府類；《百川書志》載「《太和正音譜》一卷」，入文史類；《江西歷代刻書》載爲「《太和正音譜》二卷」，入寧府刻；《中國印刷史》載爲「《太和正音譜》二卷」，入寧府刻，注「明刊或改名爲《北雅》」。

此外，黃裳《來燕榭書跋》著錄有《太和正音譜》：

> 《太和正音譜》，洪武刻本。大字寫刻，猶存元本面目。半葉六行，行廿一字。皮紙精印。存卷上四十九葉至九十二葉。收藏有「海鹽姚叔祥藏」（白文扁方印）、「劉蓉裳珍藏印」（朱文長印）。〔註61〕

黃裳稱該本「蓋即洪武原刊之《太和正音譜》也。錢塘丁氏曾有舊抄，即影洪武本者，與此正同。後嘉靖前後曾數數翻刻，原本迄未聞有著錄之者」，又稱「原書前有自序。《四庫》未曾著錄，是流傳絕罕者」〔註62〕。

姚品文有《〈太和正音譜〉寫作年代及「影寫洪武刻本」問題》一文，經過考辨，認爲《太和正音譜》並無所謂的「洪武本」（按：或即使有洪武刻本，亦非現存之藝芸書舍、鳴野山房等藏本的面貌，批評1920年孫毓修將藝芸書舍本《太和正音譜》稱爲「影寫洪武間刻本」的說法實爲失察，而其後的《中國古典戲曲論著集成》等又據孫毓修之言訛傳。姚文提出，在無法判認時代的情況下，仍稱各本爲「藝芸書舍本」、「鳴野山房本」爲是〔註63〕。

〔註61〕 黃裳：《來燕榭書跋》（增訂本），第123頁，北京：中華書局，2011年。

〔註62〕 黃裳：《來燕榭書跋》（增訂本），第122頁，北京：中華書局，2011年。

〔註63〕 按：參見姚品文：《〈太和正音譜〉寫作年代及「影寫洪武刻本」問題》，《文學遺產》1994年第5期，第117頁。

　　《太和正音譜》成書之後，寧府當有刻本，然已亡佚。萬曆三十年（1602），張萱黛玉軒曾刻印過寧獻王《北雅》3卷，崇禎刻本卷首有馮夢禎序。該書即為《太和正音譜》〔註64〕。又有沈復粲鳴野山房藏本、汪氏藝芸書舍藏本，皆為明本，板式類似，或同出一源。藝芸書舍本民國間為商務印書館影印，為《涵芬樓秘笈》之一。《宋元明清書目題跋叢刊》予以收錄。此外，1959年中國戲劇出版社的《中國古典戲曲論著集成》有校刊本。以上《太和正音譜》皆為全本，《群英所編雜劇》亦存其中。

（二）《太和正音譜・群英所編雜劇》的編纂體例

　　《涵芬樓秘笈》本《群英所編雜劇》四周雙邊，黑口，半頁九行。該本分「群英所編雜劇」、「古今無名氏雜劇一百一十本」及「娼夫不入群英四人共十一本」三大類，著錄雜劇作者共81人，雜劇568種。

　　其中，「群英所編雜劇」下分為「元五百三十五」與「國朝三十三本」兩類，分別著錄元代雜劇作家69人、雜劇作品454種（按：其中有複本37種），明代雜劇作家8人、雜劇作品31種（按：其中有複本1種）。該部分著錄作者，下錄該人作品，僅著錄雜劇名，間或著錄作者、本數、版本、作者其他作品等相關信息。其體例如：

　　　　元五百三十五

　　　　馬致遠

　　　　《誤入桃源》；《漢宮秋》；《馬丹陽》；《酒德頌》；《齋後鐘》；《岳陽樓》；《青衫淚》；《歲寒亭》；《薦福碑》；《戚夫人》；《陳摶高臥》；《踏雪尋梅》；《黃粱夢》第三折花李郎，第四折紅字李二。

　　「古今無名氏雜劇一百一十本」下僅著錄雜劇名，計110種。後有小序。

　　「娼夫不入群英四人共十一本」前、後皆有小序，下僅設「元」1類，著錄作者4人，各人作品歸其名下，總計12種。

（三）《太和正音譜・群英所編雜劇》的特色與價值

　　《群英所編雜劇》是元明雜劇的專科目錄。從分類方面看，該目採用了多種分類依據相結合的設類方式。先依作者身份分三大類，再依朝代歸類，再以作者為單位著錄作品。其將記「文」與記「獻」並重，「以書類人」，便

〔註64〕按：參見瞿冕良：《中國古籍版刻辭典》第964頁，蘇州：蘇州大學出版社，2009年。

於收錄，亦方便讀者查索。從著錄方面看，《群英所編雜劇》的「古今無名氏雜劇」與「娼夫不入群英」兩類之內皆有序。朱權於「古今無名氏雜劇」序中提出了雜劇乃「太平之勝事」、「非太平則無以出」的觀點，認爲以一人之目見耳聞，無法囊盡天下雜劇，希冀後世同好予以增補；於「娼夫不入群英」序中引趙孟頫語，稱娼夫詞名「綠巾詞」，不可稱「樂府」，故而專設一類單置。又對娼夫的由來加以簡述，稱此輩「止以樂名稱之耳，亙古無字」，具有史料學的價值。

《群英所編雜劇》於楊顯之《酷寒亭》之下著錄「旦末二本」，屬於較爲特殊的版本項著錄。其原因在於元雜劇中往往同一劇本可分爲旦本、末本二種，由旦、末二角分別主演。《群英所編雜劇》之中多有著錄「二本」者，如王實甫《破窯記》、《販茶舡》、《麗春園》、《進梅諫》、《於公高門》，鄭德輝《細柳營》、《倩女離魂》、《三戰呂布》等，或亦爲旦、末本之別。然未作明識，故僅爲筆者推斷，不爲定論。

該目於《范冰壺》之下稱「四人共作」，於《鸞鷥裘》下稱「第二折施均靈，第三折黃德潤，第四折沈珙之」等著錄內容，體現出了元雜劇的群體創作特徵。此外，《群英所編雜劇》又保存了雜劇作者除雜劇外的其他作品。如「王伯成。「有《天寶遺事》行於世」等，是爲對作者信息的發散著錄，保存了一定的史料線索。

《太和正音譜》是現存最早的北曲（雜劇）曲譜。《群英所編雜劇》則是元明雜劇的專門目錄。該目約成書於洪武三十一年（1398），早於《錄鬼簿續編》，且其著錄的雜劇數量較之《錄鬼簿》更多出 200 餘種，更爲完整地保存了元明雜劇的原始面貌。

朱權雖貴爲皇親，然持心公正，不以作者身份甲乙作品。《太和正音譜·群英所編雜劇》對社會地位低下的優伶作者、作品並未棄置不取，而是單獨設類著錄，且於該類小序中認可了這部分作品的藝術價值，這種胸襟在當時是難能可貴的。

需要注意的是，該目的《涵芬樓秘笈》本中，「元五百三十五」部分實有454 本，「國朝三十三本」下稱「內無名氏三本」，而該類實際著錄 30 本，分屬八人名下，並未著錄解題所言之無名氏 3 本，或爲著錄之誤。

二、《錄鬼簿續編》

（一）對《錄鬼簿續編》作者的爭議

　　學界對《錄鬼簿續編》的作者是否爲賈仲明的問題一直存在爭議。

　　賈仲明，山東淄川人，元末明初戲劇作家。自號雲水散人。曾增補過元代鍾嗣成的《錄鬼簿》，且爲之作序，稱「永樂二十年壬寅仲秋，淄川八十雲水翁賈仲明書於怡和養素軒」，則知賈氏高壽。賈仲明增補本《錄鬼簿》後附有《錄鬼簿續編》一種，不著撰人姓名。後人多有據此認爲《錄鬼簿續編》的作者亦爲賈仲明。

　　《中國古典戲曲論著集成》有《錄鬼簿續編提要》，稱「原本未題撰人名氏，亦不載序文題跋。近人因爲原本是附在明初賈仲明增補本《錄鬼簿》後面，所以也就假定《續編》同出於賈仲明之筆。」〔註65〕又根據《錄鬼簿續編》中所載錄的羅貫中、汪元亨、楊景賢等人小傳，推論出該書作者當是「生於元代至元至正時，到明代永樂年間還在世的一個享有高齡的戲曲作家」〔註66〕。

　　《錄鬼簿續編》雖附於賈仲明增補本《錄鬼簿》之後，然其編纂體例並非一致。王國強《明代目錄學研究》中將二書體例做了比較，稱不同之處有三：其一，《錄鬼簿》分類有7，而《錄鬼簿續編》僅設類爲3〔註67〕；其二，《錄鬼簿》僅於第四類著作者傳記，而《錄鬼簿續編》則爲每位作家皆作傳記；其三，《錄鬼簿》雜劇皆著錄正名，而《錄鬼簿續編》則錄簡名，而於其後著錄雜劇題目與正名。此三條外，二書的排序、所述事實等亦各有不同〔註68〕。

　　再者，《錄鬼簿續編》在著錄賈仲明其人時用詞多有溢美，且以「公」相稱，並非作者自述的一般體例：

　　　　賈仲明。山東人。天性明敏，博究群書，善吟詠，尤精於樂章隱語。嘗侍文皇帝於燕邸，甚寵愛之，每有宴會，應制之作，無不稱賞。公豐神秀拔，衣冠濟楚，量度汪洋，天下名士大夫咸與之相

〔註65〕《中國古典戲曲論著集成》二集，北京：中國戲劇出版社，1959年。
〔註66〕《中國古典戲曲論著集成》二集，北京：中國戲劇出版社，1959年。
〔註67〕按：天一閣藍格抄本：《錄鬼簿續編》並無分類。
〔註68〕按：參見王國強：《明代目錄學研究》第134頁，鄭州：中州古籍出版社，2000年。

交。……

學界的質疑言之有據。且《錄鬼簿續編》前無序後無跋，不署作者名姓，又未見於各家著錄解題，迄今未見關於其作者究竟為誰的直接證據。故而筆者認為就目前而言難以斷定《錄鬼簿續編》的真正作者，有待繼續考辨。

（二）《錄鬼簿續編》的版本及編纂體例

《錄鬼簿續編》有明代藍格抄本，附在賈仲明增補的《錄鬼簿》一書之後。該本是為現存孤本，藏於天一閣。1931 年後有鄭振鐸、趙萬里、馬廉的影抄本明本，稱《天一閣藍格寫本正續錄鬼簿》，後歸國圖。1938 年北京大學出版社據影抄本石印出版，1960 年上海中華書局亦據影抄本影印，《宋元明清書目題跋叢刊》予以收錄。又有孫楷第、周明泰、傅惜華等的過錄本，1957 年的古學古籍刊行社排印本，1959 年的中國戲劇出版社排印本（《中國古典戲曲論著》之一），1978 年上海古典文學出版社的點校本（按：名為《錄鬼簿（外四種）》，收錄鍾嗣成《錄鬼簿》、《錄鬼簿續編》、朱權《太和正音譜》、呂天成《曲品》、高奕《傳奇品》五種）等。

《錄鬼簿續編》是元明雜劇的專科目錄。該目採用了記人為綱、以作品附之的編纂體例，即鄭樵所謂「以書類人」者，著錄元末明初戲曲作家 71 人，有作品存世者將作品著錄於後，共計 80 種。

該目於作者之下作有小傳，記作者名號、籍貫、生平、作品等，偶以按語加以評論。其體例如：

> 汪元亨。饒州人，浙江省掾，後從居常熟。至正門（按：或為
> 「間」）與余交於吳門。有《歸田錄》一百篇行於世，見重於人。

其著錄作品時簡記調名，於其後對戲曲的內容進行介紹，即「數十曲〔雙調·凌波仙〕挽詞」〔註 69〕，是為彌補鍾嗣成《錄鬼簿》僅為宮大用等十八人作挽詞的遺憾。其體例如：

> 《班竹記》。娥皇女英班竹記。

> 《桃源洞》。二人誤入武陵溪，劉晨阮肇桃源洞。

正文之後附錄有佚名傳奇 78 種，題「諸公傳奇失載名氏並附於此」，著錄傳奇名，以雙調形式作內容介紹。其體例如：

〔註 69〕 魏丕植：《解讀詩詞大家》三《元代卷》，第 131 頁。北京：作家出版社，2013
年。

《村樂堂》。長法司吏大斷案,海門張仲村樂堂。

《送寒衣》。范杞良一命亡沙塞,孟姜女千里送寒衣。

(三)對《錄鬼簿續編》的評價

作爲元明雜劇的專科目錄,《錄鬼簿續編》不作分類,採用了「以書類人」的編纂方式,強化了編纂者的主觀色彩,賦予了書目更多的鑒賞意味,凸顯了其藝術品評的特性。

該目以人爲綱,作品歸於作者名下,條理清晰,方便查找。其作者小傳保存了大量元明雜劇作家的生平,是珍貴的資料。雜劇作家地位低下,不爲史書重視,故其生平資料難以考見,賴此以存。延續了鍾嗣成《錄鬼簿》以人物小傳及挽詞品評雜劇的風氣,其評價較爲中肯,是後人評價元明雜劇的重要參考資料。

書內著錄有關於《三國演義》的作者羅貫中的信息,並附其雜劇作品 3 種:

羅貫中。太原人,號湖海散人,與人寡合。樂府隱語,極爲清新,與余爲忘年交。遭時多故,各天一方。至正甲辰復會,別來又六十餘年,竟不知其所終。

《風雲會》。趙太祖龍虎風雲會。

《蜚虎子》。三平章死哭蜚虎子。

《連環諫》。忠正孝子連環諫。

《錄鬼簿續編》的以上記載,是現存唯一一條關於羅貫中生平的記錄,成爲後世研究羅貫中及其作品的直接史料來源,極爲珍貴。

鍾嗣成《錄鬼簿》是我國第一部著錄金元戲曲作家生平及作品的專門著作。永樂二十年（1422）,賈仲明因感鍾氏此書有著錄不足之處,「與鍾君相知者,自宮大用以下一十八人,皆作其傳,各各以凌波仙曲弔挽。已後才人與先生不相知者,王恩順等三十三人,止列其姓名,書其學問,俱無詞弔之」〔註70〕,故增補數十曲挽詞,又補錄了元末至明永樂間的戲曲作家。「對於研究或考察《錄鬼簿》之後的北雜劇作家及其作品,此書和《太和正音譜》都是重要的文獻資料」〔註71〕。《錄鬼簿》與《錄鬼簿續編》合在一起,便是一部大略完整的元雜劇專門目錄。

〔註70〕 （明）賈仲明:《書〈錄鬼簿〉後》,天一閣抄本。

〔註71〕 張炯主編:《中國文學通史》第五卷《明代文學》,第53頁,南京:江蘇文藝出版社,2013年。

三、祁彪佳《遠山堂劇品》

（一）《遠山堂劇品》的作者與版本

祁彪佳，山陰人，字虎子、幼文、宏吉，號世培，別號遠山主人，祁承爍次子。其居處名「遠山堂」，家富藏書，是明代著名的藏書家、目錄學家、戲劇評論家。著有《祁忠敏公日記》、《祁忠敏公遺書》、《救荒全書》、《寓山注》、《越中園亭記》、《遠山堂曲品劇品》等。

《遠山堂劇品》是崇禎間祁彪佳編著的雜劇專科目錄。該書與《遠山堂曲品》合訂，現有明遠山堂藍格原稿本存世。據李占鵬《〈遠山堂曲品劇品〉的發現、整理及研究》一文考證，藍格原稿本爲竹紙寫本，半頁 9 行，行 20 字左右，楷書。內有祁彪佳黑、藍雙色手校，「正文略有修改痕跡和圈點符號，稿眉評語稀疏，無序文和凡例，直接進入正文」〔註 72〕。該本寫成後未及付梓，於清初戰火中毀損了《遠山堂曲品》的卷首部分，其殘本於 1952 年冬天爲黃裳得於杭州書市。1955 年上海出版公司出版了黃裳的《遠山堂明曲品劇品校錄》，收錄者即爲藍格原稿本，後有葉德鈞《校補》。《中國古典戲曲論著集成》以藍格原稿本爲底本收錄、據黃裳校錄本補入序文及凡例。

（二）《遠山堂劇品》的編纂體例

本文以《中國古典戲曲論著集成》本《遠山堂劇品》爲對象進行探討。該本爲半頁九行，體例與《遠山堂曲品》同（按：原稿本中《遠山堂曲品》位於《劇品》之前，或成書較早），分妙品（24 種）、雅品（90 種）、逸品（28 種）、豔品（9 種）、能品（52 種）、具品（39 種）6 品，各品之內則將同一作者的作品歸於一處、依次著錄，共著錄 242 種，其中絕大多數爲明代雜劇。《遠山堂劇品》著錄雜劇名稱、作者，間或著錄雜劇的取材、內容、用調、劇本結構、創新、與其他劇目的比較、出處、折（本）數、用曲情況（按：即南曲或北曲）、同劇異名等相關信息，亦多有對他人評語的引用、對原書序言的引用，以及祁彪佳對雜劇藝術價值的品評、對雜劇特點的論述等。其體例如：

> 妙品
>
> 《簪花髻》北一折。沈自徵。
>
> 楊升庵戍滇時，每簪花塗面，令門生舁之以遊。人謂於寂寥中

〔註72〕 李占鵬：《〈遠山堂曲品劇品〉的發現、整理及研究》，《寧夏師範學院學報》 2011 年第 5 期，第 14 頁。

能豪爽，不知於歌笑中見哭泣耳。……

（三）《遠山堂劇品》的特點與價值

徐子方《明雜劇史》對《遠山堂劇品》的價值作有大致的論述。徐文稱《遠山堂劇品》「是目前所知最早著錄並品評明人雜劇的一部專書」，認為祁彪佳「在體例上將《遠山堂曲品》、《遠山堂劇品》與呂著分開的同時，又凸顯了著者的獨創意識」。認為該書基本反映了明代各個時期的雜劇作家的成就、地位。此外，《遠山堂劇品》對雜劇折數、用曲情況的記錄保存了重要的文獻資料〔註 73〕。徐氏的論述是對《遠山堂劇品》較為貼切而全面的評價。

此外，《遠山堂劇品》將藩府著述置於各類之首。如「妙品」首列周藩誠齋所著雜劇 8 種，「雅品」亦首列 16 種（按：懷疑《遠山堂曲品》體例亦如是，但存本有缺，不可考辨）。則是對宋明以來於書目中首列御製類傳統的遵循，亦體現出祁彪佳的士大夫身份與忠君思想。

《遠山堂劇品》中多有祁彪佳自身戲劇觀念的表達，凸顯了祁氏的戲劇觀念。「劇品」者，乃是對雜劇藝術價值、創作特點等方面的價值品評。如評《藍采和》稱「詞於淡中著色，有不衫不屨之趣」，評《遠山戲》稱「他人傳張夫人，不免嫵媚，此則轉覺貞靜。所以遠山一畫，樂而不淫」。又借《醉寫赤壁賦》論雜劇特點，稱「北劇每就謔語、俗語取天然融合之致，故北調以運筆為第一義。運掉未靈，便不能以我用古，不免堆積氾濫之病矣。此劇設色於濃淡之間，遣調在深淺之際，固佳矣；惜赤壁之遊，詞中寫景而不寫情，遂覺神色少削」。又將《碧玉釵》、《團花鳳》二劇相較，贊前者較之後者「翻一重境界」，稱「後之歡遇也，與彼劇絕不相肖，而繁簡短長，各有佳處」。由祁彪佳對雜劇的品評可見，其衡量雜劇的藝術價值乃是以「妙」字為先，標榜的是自然真趣，以鏡花水月之姿於沖淡無痕間拂動人心。其言語之間亦自然流露出晚明小品的閒適意趣。

《遠山堂劇品》載錄既多、成書亦早，保留了大量明雜劇（按：中所載錄者絕大多為明雜劇，亦有極少元雜劇）的原始面貌及別家序跋、評語等相關信息，是重要的史料來源。其對雜劇的分類品評亦褒貶得宜，具有鮮明的個人特色。

〔註73〕徐子方：《明雜劇史》，第 314 頁。北京：中華書局，2003 年。

四、徐渭《南詞敍錄》

南戲是我國宋元明時期在南方興起的地方戲曲形式，又名「戲文」，又有溫州雜劇、永嘉雜劇、鶻伶聲嗽、南曲戲文等名，在明清間又稱呼爲「傳奇」。《南詞敍錄》有言：

> 南戲始於宋光宗朝，永嘉人所作《趙貞女》、《王魁》二種實首之。故劉後村有「死後是非誰管得，滿村聽唱蔡中郎」之句。或云宣和間已濫觴，其盛行則自南渡，號曰「永嘉雜劇」，又曰「鶻伶聲嗽」。〔註74〕

祝允明《猥談》亦稱：

> 南戲出於宣和之後，南渡之際，謂之溫州雜劇。〔註75〕

《南詞敍錄》成書於嘉靖三十五年（1556），是我國古代最早的南戲研究專著。

（一）《南詞敍錄》的作者與版本

徐渭，初字文清，後改字文長，號天池山人、青藤道士，浙江山陰人，明代著名文學家、書畫家、戲曲理論家。有《徐文長全集》等著作，《明史》有傳。

1. 清抄本。封面題「徐天池著」。南圖。1959年刊行的《中國古典戲曲論著集成》（第三冊）以南圖本爲底本加以點校，是較爲通行的版本。

2. 清抄本。首頁題「徐文長《南詞敍錄》」。上圖。

3. 1917年刻本。左右雙邊，黑口，單魚尾，半頁十三行，行二十二字。董康《誦芬室叢刊》二編《讀曲叢刊》之一。該本爲《南詞敍錄》最早的刻本。《宋元明清書目題跋叢刊》據以影印。

鄭志良有《關於〈南詞敍錄〉的版本問題》一文，載於《戲曲研究》2010年第1期。該文對《南詞敍錄》的各個版本異同作有詳細的考辨，可資參照。

（二）《南詞敍錄》的編纂體例與價值

《南詞敍錄》前有作者自序，闡明著述該書的原因。稱北雜劇、原本、樂府等皆有專著，記錄甚詳，惟南戲無選集者，故著此書云云，落款爲「嘉靖己未夏六月望天池道人誌」。

下爲關於南戲的敍論二十七條，其內容分別爲：一，闡述南戲的發展史，

〔註74〕 《南詞敍錄·影印說明》，《宋元明清書目題跋叢刊》，北京：中華書局，2006年。

〔註75〕 白壽彝總主編，陳得芝主編：《中國通史·13》第八卷《古時代·元時期》上冊，第486頁，上海：上海人民出版社，2015年。

對比了南戲與北雜劇的藝術特色。二，闡述南戲曲譜的演變過程，認爲其雖號稱「九宮」而無其實。三，稱北曲鄙俗，而南戲又下北曲一等，認爲二者皆未承繼唐宋遺音，深以爲憾。四，批判南戲不按宮調，妄稱「南九宮」。五，認爲南戲雖無宮調，亦須次第有序。六，指出南戲雖不如北曲有宮調，但亦有高於北曲之處，即南戲有四聲，北曲「雖合律而止於三聲，非復中原先代之正」。七，認爲自古傳統，北曲曲調應高於南戲。八，指出有人鄙視南戲爲村坊之音，卻不知北曲實爲邊夷胡人假託唐宋名家之遺作。九，金元之後，中原古樂亡佚殆盡，惟琴譜仍存古曲。十，認爲崑山南戲「殊爲可聽」。十一，認爲「吳人善謳，吳腔最正」。十二，南九宮不解「詞調兩半篇乃合一闋，今南曲健便，多用前半篇，故曰一隻」之意，於兩隻曲調不同之處妄加「過篇」、「麼」等字，猶《漢書》「元二」之訛，皆爲不通古意之故。十三，南戲於金元時不爲世人所重，明初始尚之。十四，南戲「句句是本色，語無今人時文氣」，自有其高妙處。十五，認爲以時文爲南戲的行爲實爲不妥。十六，認爲以時文戲《香囊》教奴婢的行爲乃南戲之厄。十七，認爲填詞應均衡俗雅，「自有一種妙處」，不可「麗而晦」。十八，認爲南戲重在「從人心流出」。十九，認爲北曲多名家，南戲名家惟祝枝山耳。二十，（南戲）「最喜用事當家，最忌用事重沓及不著題」。二十一，認爲曲詞須淺近，故晚唐五代填詞優於宋人。宋人學杜詩，格高氣粗，語氣過硬。二十二，認爲散套中佳作少，多俗而可厭者。二十三，指出唱腔最忌鄉音，各地鄉音須先正之而後唱。二十四，認爲曲有本平韻可作入韻者，有本入韻不可作平韻者，有平韻不可作入者甚多。二十五，列舉了「今曲用宋詞」的曲牌名，認爲「餘皆與古人異矣」。二十六，指出「曲」跟「引子」皆各自有腔，然不復可考，深以爲憾。二十七，總結稱南北曲雖大相徑庭，然同具感撼人心之效。此二十七條從不同角度對宋元明的戲曲創作、尤其是南戲的發展流變、藝術形態、聲律結構、作家作品等內容進行了分析，堪稱徐渭的戲曲理論精華所在。

敘論之後又論生、旦、外、貼、丑、淨、末的角色設置及稱呼來源，並討論了北雜劇中相對應的角色。

其後又論「傳奇」、「題目」、「賓白」、「科」、「介」、「諢」、「打箱」、「開場」等戲劇專用名詞，記其來源及古今之別、注意事項等。

其後再記「員外」、「謝娘」等曲中常用方言53種的來歷、古今意義等，題爲「曲中常用方言字義今解於此庶作者不誤用」。

末著錄宋元明南戲 116 種。依朝代分爲「宋元舊篇」（65 種）及「本朝」（51 種）兩類。僅記戲名，間或著錄作者姓名、籍貫，角色設置，戲文內容，對戲文的音釋、點評，他書的記載等內容。

《南詞敘錄》是元明時期唯一一部研究南戲的理論專著。該目的敘論內容是徐渭戲曲理論的集中體現；其後的宋元明南戲著作簡目，則是南戲最早的一部專科目錄。

五、《舊編南九宮目錄》

（一）關於《舊編南九宮目錄》作者的爭論

《舊編南九宮目錄》是現存最早的南曲曲譜目錄。對該目作者的判斷至今仍無定論。董康稱爲徐渭所作，乃是因其附於《南詞敘錄》後之故。王驥德《曲律》稱蔣孝舊譜序云「《九宮十三調》二譜，得之陳氏白氏，僅有其目，而無其辭」〔註76〕。此二譜即爲《舊編南九宮目錄》與《十三調南曲音節譜》。日本學者青木正兒經過考證，認爲該目即爲蔣孝《舊編南九宮譜》的總目。在其基礎上，王鍾麟又作進一步探討，認爲「董氏（按：董康）斷定其爲『明徐渭撰』，固屬無據；而青木氏假定其爲『蔣譜』之《目錄》亦未全明眞相」〔註77〕。

（二）《舊編南九宮目錄》的版本與編纂體例

《舊編南九宮目錄》的版本大致有二：

1. 初刻本，《曲苑》之一。不著人名。
2. 1917 年刻本。左右雙邊，黑口，單魚尾，半頁十三行，行二十二字。董康《誦芬室叢刊》二編《讀曲叢刊》之一，稱明徐渭撰。臺灣國立中央圖書館。該本爲《舊編南九宮目錄》最早的刻本。《叢書集成三編》、《宋元明清書目題跋叢刊》據以影印。

《舊編南九宮目錄》依宮調名類。《誦芬室叢刊》本所據底本內或有錯簡〔註78〕，現存者依宮調分 36 類，著錄仙侶、正宮、中呂、南呂、黃鍾、商調、

〔註76〕（日）青木正兒：《中國近代戲曲史》，第 618 頁，上海：上海文藝聯合出版社，1954 年。

〔註77〕按：詳可參見黃霖主編，陳維昭著：《20 世紀中國古代文學研究史・戲曲卷》第 478 頁，上海：東方出版中心，2006 年。

〔註78〕按：該本「大石調引子」下稱「此下疑錯簡」。

大石調、越調、雙調、仙呂入雙調等宮調 10 種、曲子 512 種。該目著錄曲牌名，間或著錄同曲異名、複本、曲調格律、同名異曲、類似曲調、曲子結構以及對曲牌的解釋等內容。其體例如：

> 仙呂過曲
>
> 《鐵騎兒》。又名《簷前馬》。

《舊編南九宮目錄》的類目設置及各類著錄數量詳見下表：

宮　　調	數　　量	
仙呂引子	15	
仙呂過曲	39	
淨唱附後	3	
別本附入	10	
正宮引子	8	
別本附入	2	
正宮過曲	30	
別本附入	8	
中呂引子	10	
中呂過曲	31	
別本附入	□〔註 79〕	
中呂引子	2	
中呂過曲	12	
南呂引子	21	
別本附入	5	
南呂過曲	53	
別本附入	14	
黃鍾引子	9	
別本附入	1	
黃鍾過曲	4	
商調引子	10	
商調過曲	23	

〔註 79〕按：該處為墨丁。

宮　調	數　量	
別本附入	4	
大石調引子	0〔註 80〕	
越調過曲	42	
別本附入	29	
別本附入	4〔註 81〕	
越調引子	11	
別本附入	1	
大石調過曲	6	
別本附入	2	
雙調引子	18	
別本附入	3	
雙調過曲	9	
仙侶入雙調	48	
別本附入	25	
36 類	512 種	總　計

六、呂天成《曲品》

（一）《曲品》的作者、成書與版本

　　呂天成，字勤之，號郁藍生，又號棘津，浙江餘姚人，萬曆諸生。自幼受祖母孫氏影響，喜好戲曲，通曉曲律聲韻，於戲曲方面著述頗多。又好藏曲譜，「每入市，見新傳奇，必挾之而歸」〔註 82〕。設「煙霞閣」以納藏書。

　　據呂天成《曲品自序》稱，其於萬曆三十年（1602）曾著有《曲品》一書，但「惟於各傳奇下著評，語意不盡，亦多未得」，故棄而不論。至萬曆三十八年（1610）春，呂天成與友方諸生（按：王驥德，號方諸生，有《曲律》一書，與《曲品》並稱論曲雙璧）談詞曲，乃促其撰《曲律》。《曲律》既成，

〔註 80〕　按：此下疑錯簡。
〔註 81〕　按：此兩類「別本附入」相連，疑其間有前文「大石調引子」類的錯簡，待考證。
〔註 82〕　（明）呂天成：《曲品自序》，《曲品》卷首，暖紅室刻本。

呂氏因「傳奇侈盛，作者爭衡，從無操柄而進退之者。矧今詞學大明，妍媸畢照，黃鍾瓦釜，不容並陳」，欲「舉今昔傳奇而甲乙焉」，故「歸檢舊稿猶在，遂更定之，仿鍾嶸《詩品》、虞肩吾《書品》、謝赫《畫品》例，各著評論，析爲上下二卷。上卷品作舊傳奇者及作新傳奇者，下卷品各傳奇。其未考姓字者，且以傳奇附。其不入格者擯不錄」〔註83〕。

　　《曲品》的版本大致有三：

1. 萬曆間原刻本。佚。

2. 曾習經舊抄本。暖紅室刻本、吳梅校本、《曲苑》本皆出自該本。劉世珩暖紅室刻本，《匯刻傳奇》之一。有 1919 年初印本及 1935 年上海來青閣重印本。《宋元明清書目題跋叢刊》據初印本影印。吳梅校本，1918 年北京大學初版，1922 年再版。

3. 吳書蔭《曲品校注》本。1990 年中華書局出版。

（二）《曲品》的編纂體例

　　本文以《宋元明清書目題跋叢刊》所收暖紅室初刻本爲討論對象。該本單邊，白口，單魚尾，半頁九行，行二十字。前有呂天成自序，交代了《曲品》的編纂起因、經由、編纂目的、學術價值及拋磚引玉的自謙之意。後爲正文，分上下兩卷，收錄明代天啓以前的傳奇和散曲作家 115 人、作品 189 種。

　　該書上卷記作者。分「作舊傳奇品」、「作新傳奇品」、「不作傳奇而作南劇者」、「不作傳奇而作散曲者」4 類，論作者 115 人。

　　其中，「作舊傳奇品」類前有序，追溯了由北雜劇至南曲（傳奇）的時代流變，稱「金元創名『雜劇』，國初作『傳奇』」；對北雜劇與南傳奇做了曲調、折數、演出人數量、創作旨趣等方面的區分；指出明代前期爲戲曲的創作繁盛期，乃仿《詩品》之例，略加銓次，設「作舊傳奇品」以概之。下分 4 類，著錄 8 人。「作新傳奇品」類前後皆有序。前序稱萬曆間傳奇分本色、文采二派，詳述二派特色，並稱盡收於該類。下設 9 類，著錄萬曆間戲曲作家 80 人。後序稱未知之作家擯不錄。「不作傳奇而作南劇者」一類無小序，著錄徐渭、汪道崑 2 人，俱爲上品。「不作傳奇而作散曲者」一類著錄 25 人，亦俱上品。後有小序，述設品之由。

〔註83〕　（明）呂天成：《曲品自序》，《曲品》卷首，暖紅室刻本。

上卷著錄作者姓名，各有解題，評論作者生平、作品特點以及歸類原因等。

該書下卷著錄傳奇作品。前亦有序，稱傳奇價值不一而足，難以定品；提出了傳奇定品的十大原則；又將南戲（傳奇）大致分爲忠孝、節義、風情、豪俠、功名、仙佛六類。序後分「舊傳奇」、「新傳奇」、「作者姓名有無可考其傳奇附列於後」3 類，各類之下各有細分，共著錄傳奇作品 189 種。

下卷的著錄體例各部分有所不同。其中，舊傳奇部分因作者姓名或不可考，故「合入四品，不復分別」〔註 84〕，僅著錄傳奇名稱，下作點評，點評後有簡略解題。作者姓名無可考的部分體例同舊傳奇。新傳奇部分則多著錄了傳奇作者的姓名。其評論的內容有作者生平、創作原則、作品特點、歸類原因等。

《曲品》的類目設置及各類著錄數量詳見下表：

卷　次	一級類目	二級類目	備　註
卷上 作者 115 人	作舊傳奇品 8	神品 1	
		妙品 2	
		能品 2	
		具品 3	
	作新傳奇品 80	上之上 2	先分述個人生平，後總爲評價
		上之中 8	
		上之下 6	
		中之上 6	
		中之中 12	
		中之下 10	
		下之上 14	
卷上 作者 115 人		下之中 12	
		下之下 10	
	不作傳奇而作南劇 2	徐渭	俱爲上品，對二人作了分別評述。
		汪道崑	
	不作傳奇而作散曲 25		俱爲上品，先分別評價，後總爲論述。

〔註 84〕按：《曲品・舊傳奇》類目名下。

卷　次	一級類目	二級類目	備　註
卷下 作品 189 種	舊傳奇 27	神品一	
		神品二	
		妙品一	
		妙品二	
		妙品三	
		妙品四	
		妙品五	
		妙品六	
		妙品七	
		能品一	
		能品二	
		能品三	
		能品四	
		能品五	
		能品六	
		能品七	
		能品八	
		能品九	
		能品十	
		能品十一	
		具品一	
		具品二	
卷下 作品 189 種		具品三	
		具品四	
		具品五	
		具品六	
		具品七	
	新傳奇 145	上上品 2 人 22 種	
		上中品 8 人 23 種	
		上下品 6 人 18 種	
		中上品 6 人 8 種	

卷　次	一級類目	二級類目	備　註
		中中品 12 人 16 種	
		中下品 9 人 10 種	
		下上品 13 人 15 種	
		下中品 12 人 13 種	
		下下品 9 人 20 種	
	作者姓名有無可考其傳奇附列於後 17	上下品 1	
		中上品 2	
		中中品 5	
		中下品 4	
		下上品 2	
		下中品 3	

（三）《曲品》的特色與價值

　　從分類方面看，《曲品》是一部綜合併用多種分類依據的書目。其將記人與記作品相結合，將作品體裁與藝術品評並為設類依據，而對作者、作品的品評又採用了兩種不同的分類標準，照顧到了著錄對象的特殊性，凸顯了其戲曲專科目錄的根本屬性。

　　從著錄方面看，《曲品》中時借按語強調觀點。其中，有指出作者名字號古今之別者，如「湯顯祖。晦若。臨川人。按：今皆作海若」。有訂正萬曆三十年（1602）所作《曲品》之誤者，如「佘翹。聿雲。銅陵人。『佘』原作『余』，誤」。又著錄與《曲錄》的不同之處，當有對校之事。如「葉祖憲。桐柏。餘姚人。按：《曲錄》作『憲祖』」；「汪昌期。所著傳奇九本。按：《曲錄》作『昌朝』」等。

　　《曲品》又有前後著錄體例不一致之處。如：

　　　　謝思山（所著傳奇一本）。

　　　　《狐裘》。孟嘗君事。敘得暢，但不能脫套耳。

　　　　《靖虜》。祖生擊棹。事佳而詞多俗。

據前後文體例，一本均為一種，惟此處稱一本而實為兩種，較為特殊，故特別著錄。

　　呂天成《曲品》大量收錄明代人戲曲作品，是「現存最早的一部傳奇作家傳略和作品目錄」〔註85〕。呂天成的品評多圍繞作品藝術價值展開，輕重有別，詳略得當，重點人物單述，每類作一總結。其《曲品自序》中「不入格者擯不錄」〔註86〕之言，則是以個人喜好爲收錄標準的體現。

　　《曲品》兼錄「文」、「獻」，有大小序、有分類，有品評解題，是明代書目中爲數不多的體例較爲完整的解題性書目。

七、祁彪佳《遠山堂曲品》

（一）《遠山堂曲品》的成書及版本

　　《遠山堂曲品》的作者亦爲祁彪佳。其於自序中對該書的創作動機有所陳述：

> 　　予素有顧誤之癖，見呂郁藍《曲品》而會心焉。其品所及者，未滿二百種；予所見新舊諸本，蓋倍是而且過之。欲贅評於其末，懼續貂也，乃更爲之……〔註87〕

則知該書乃祁彪佳有感於呂天成《曲品》之作、且欲補《曲品》之闕而著。且該書的編纂不爲簡單的續補《曲品》，而是重擬格局，自成體例。該書寫定於崇禎十三年（1640），與《遠山堂劇品》先後完工。

　　《遠山堂曲品》現存最早皆爲遠山堂藍格原稿本，乃是與《遠山堂劇品》的合訂本。二書皆爲竹紙寫本，而體例略有不同。《遠山堂曲品》爲半頁 10 行，行 20 字左右，楷書。內有祁彪佳黑、藍雙色手校，「正文有修改痕跡和圈點符號，稿眉附評語，自序後爲凡例」〔註88〕。1955 年黃裳的《遠山堂明曲品劇品校錄》以及《中國古典戲曲論著集成》第 6 冊皆以藍格原稿本爲底本收錄，後者據黃裳校錄本補入序文及凡例。

　　此外，《遠山堂曲品》又有明啓元社黑格抄本。李占鵬《〈遠山堂曲品劇品〉的發現、整理及研究》一文稱「黑格抄本是藍格抄本的直接轉錄，二者

〔註85〕　《曲品‧影印說明》，《宋元明清書目題跋叢刊》，北京：中華書局，2006 年。
〔註86〕　（明）呂天成：《曲品自序》，《中國古典戲曲論著集成》，北京：中國戲劇出版社，1960 年。
〔註87〕　（明）祁彪佳：《曲品敘》，《中國古典戲曲論著集成》，北京：中國戲劇出版社，1960 年。
〔註88〕　李占鵬：《〈遠山堂曲品劇品〉的發現、整理及研究》，《寧夏師範學院學報》2011 年第 5 期，第 14 頁。

內容、體式基本無異」〔註89〕。1952 年上海出版公司初版的黃裳《西廂記與白蛇傳》附錄有《遠山堂曲品劇品》，即爲黑格抄本，再版則不附。

（二）《遠山堂曲品》的編纂體例

本文以《中國古典戲曲論著集成》本《遠山堂曲品》爲對象進行探討。該本前有《遠山堂曲品提要》，記祁彪佳生平、著述，並介紹了《遠山堂曲品》的存世情況以及分類、著錄數量、價值及該書所載藏書的來源，最後列舉了該書的存世版本四種。《提要》之後，據黃裳《遠山堂明曲品劇品校錄》補入了《曲品敍》與《曲品凡例》。其中，《曲品敍》爲祁彪佳自序，述其創作動機、收錄書籍的數量、分品情況、分品原則以及與呂天成《曲品》的對比差異等。《曲品凡例》凡八條：一，全記者皆入品，不專限南曲，北劇亦收錄。二，依作品歸類，不依作者歸類，即同一人不同風格的作品分別歸入不同類中。三，收錄內容及分類較之呂天成《曲品》更爲完整。四，刪改原本數量較多者，另爲著錄。五，分類立場鮮明，詞章爲主，兼重音律。六，作品中所稱引之藝名不可考者，皆從俗稱。七，對作者信息有考錄不全者，權且如此。八，不盲目抄錄呂天成《曲品》。所著錄者以家藏書目爲基礎，以存世且目驗爲準，失傳及未見者不錄。

後爲《遠山堂曲品》正文，依照戲劇內容風格分爲妙品（佚）、雅品（佚）、逸品（26 種）、豔品（20 種）、能品（217 種）、具品（127 種）六品，又有雜調一類（46 種），後附雅品殘搞 31 種，總著錄南曲（按：亦有極少北雜劇）467 種（按：《提要》稱 466 種，或誤）。每種皆著錄曲名、曲調、作者，並對戲曲的內容、角色設置、創作目的、藝術價值、同劇異名、材料來源、存佚、與其他劇目的對比以及流傳淵源等加以品評，間或引述他人評價。其體例如：

> 逸品
>
> 《鸚鵡洲》
>
> 此即元《兩世姻緣》劇，但其傳玉簫處，從《雲溪友議》來，較劇更詳。

（三）《遠山堂曲品》的特色與價值

在分類方面，《遠山堂曲品》的類目設置是對前代的繼承與創新。唐人張

〔註89〕李占鵬：《〈遠山堂曲品劇品〉的發現、整理及研究》，《寧夏師範學院學報》2011 年第 5 期，第 14 頁。

懷瓘《畫品》創「神」、「妙」、「能」三品之例，朱景元《唐朝名畫錄》又增「逸品」一類，呂天成《曲品》則改設四類爲「神」、「妙」、「能」、「具」〔註90〕。在前人基礎上，祁彪佳設《遠山堂曲品》（按：《遠山堂劇品》同）爲「妙」、「雅」、「逸」、「豔」、「能」、「具」六品，於繼承傳統的同時創立了自己的類目體系。

　　在著錄方面，《遠山堂曲品》爲元明戲曲的品評專著。該書所收錄者絕大多爲明代人的戲曲著作，僅有《西廂》、《西遊》、《凌雲》三種北雜劇。其中，《凌雲》一種見著於「能品」，《西廂》、《西遊》二種僅見於文前《凡例》，現存殘搞正文不錄，或爲佚失的「妙品」、「雅品」二種的著錄內容。

　　該書之中多錄孤本。據馬黎明《越中祁氏藏書世家考述》一文所稱，該書之內「有明、清同類著述中未見著錄的戲曲曲目 295 種」〔註91〕，是爲我國戲曲研究史的重要史料。

　　此外，《遠山堂曲品》又全引孫晉識語一處：

　　　　能品

　　　　　《花園》。其事大類《釵釧》、《風箏》。詞之撰造處，設色亦濃。

　　　　但訛字幾不可辨，當取定本較正之。（類《風箏》者，是周錫珪所著
　　　　《苦風箏》，非近日李笠翁之《風箏誤》也。孫晉識）。

孫晉，天啓間安徽桐城人。此條識語不見於別書記載，保留了獨一無二的信息。

　　《遠山堂曲品》是祁彪佳依照自己的戲曲觀、在呂天成《曲品》的基礎上自擬體例、查漏補缺且加以品評、編定而成的元明戲曲專科目錄。該書對大量戲曲孤本的著錄具有重要的史料價值。而其評論「不偏於讚揚，不失（按：或少一「於」字）空泛，且生動細膩」〔註92〕，亦是一部重要的戲曲品評專著。

〔註90〕 按：參見徐子方：《明雜劇研究文獻三題》一文，《古籍整理研究學刊》，2007年第 5 期。

〔註91〕 馬黎明：《越中祁氏藏書世家考述》，《圖書館工作與研究》2014 年第 9 期，第91 頁。

〔註92〕 申暢、陳方平等編：《中國目錄學家辭典》，第 118 頁，鄭州：河南人民出版社，1988 年。